RECHERCHES
HISTORIQUES
SUR DAON
ET SES ENVIRONS

PAR

André JOUBERT

DEUXIÈME ÉDITION

CORRIGÉE ET AUGMENTÉE

D'APRÈS

DES DOCUMENTS INÉDITS

CHATEAU-GONTIER

IMPRIMERIE H. LECLERC, RUE SAINTE-ANNE

1879

Nous avions publié un premier Essai sous le titre de : NOTICE SUR DAON, SES SEIGNEURS ET SES CHATEAUX, dans la *Revue de l'Anjou* et ensuite dans la *Gazette de Château-Gontier*. Ce travail avait été jugé trop succinct par des critiques compétents. Nous avons donc eu soin, avant de faire paraître une seconde édition de notre Etude sur Daon, de puiser à toutes les sources historiques, et nous nous sommes efforcé de ne négliger aucun document intéressant. C'est ainsi que nous avons successivement compulsé : les *Archives de Maine-et-Loire et de la Mayenne*, les *Registres de la paroisse de Daon* qui commencent vers la fin du XVIe siècle, les *Manuscrits rédigés par M. Foucher, ancien curé de Saint-Michel-de-Feins*, d'après l'*Histoire généalogique manuscrite de la Maison de Quatrebarbes*, ainsi que ses *Notes inédites sur les exploits des frères Coquereau pendant les guerres de la Chouannerie*, et les *Registres* des paroisses voisines. Nous avons également demandé aux familles dont les ancêtres ont appartenu à la liste des Seigneurs de Daon communication de leurs Archives et nous espérons que ces renseignements complèteront les détails que nous avions déjà donnés sur l'Histoire de Daon.

Nous avons rectifié les erreurs et les fautes qui s'étaient glissées dans la première édition. Les dimensions de cette Etude, quatre fois plus développée que la précédente, permettent de la considérer comme un travail complètement nouveau.

ANDRÉ JOUBERT.

RECHERCHES HISTORIQUES

SUR DAON

ET SES ENVIRONS

Paysage et vue de Daon. — Origine de cette commune. — Histoire des Seigneurs de Daon depuis le xiie siècle jusqu'à la Révolution. — Armoiries des Seigneurs de Daon. — Procès entre le curé de Daon et le curé d'Argenton, relativement à leurs droits curiaux sur la Lande et le Bois. — Notice sur les Le Clerc de Bréon-Subert. — Jean l'Espine, de Daon, pasteur calviniste de Saumur. — Guy Le Clerc, évêque de Saint-Pol de Léon et aumônier d'Anne de Bretagne. — Ravages de la peste dans la contrée, en 1632. — Daon est déclaré chef-lieu de canton du district de Château-Gontier. — L'abbé Bernier, sa vie et son rôle politique. — Notice sur Joseph et Louis Coquereau, d'après le manuscrit inédit de M. le Curé de Saint-Michel-de-Feins.—Notice sur l'Escoublère et ses Seigneurs, la Jallerie, la Porte et Mortreux, d'après le registre inédit de la paroisse de Daon. — Le Prieur-Curé de Daon, en 1785, député à l'Assemblée nationale. — Histoire de la chapelle de la Tremblaie, d'après des documents nouveaux.

Sur les confins des départements de Maine-et-Loire et de la Mayenne s'élève le bourg de Daon, situé dans une position qui mériterait de tenter le pinceau d'un artiste. (1) L'antique église, dédiée à Saint-Germain, domine le groupe des maisons, des jardins et des vignes étagés, sans souci de la symétrie classique, sur les flancs d'un rocher abrupte. Quand, par une limpide après-midi d'été, le voyageur suivant la route de Châteauneuf à Château-Gontier arrive auprès du calvaire qui garde l'entrée de Daon, il s'arrête ému et sur-

(1) La distance de Daon à Châteauneuf est de 13 kilomètres, et celle de Daon à Château-Gontier est de 11 kilomètres. La *superficie* de la commune est de 1,792 hectares 88 ares 86 centiares; la *population* en 1879 est de 1,000 habitants; l'*assemblée* s'y tient le jour de Pentecôte. *Bureau de poste* de Château-Gontier et *perception* de Coudray.

1

pris à la fois par la beauté sereine de ce pittoresque horizon. A ses pieds le cours sinueux de la Mayenne déroule le ruban argenté de ses eaux transparentes où le soleil fait scintiller les diamants. Dans un lointain vaporeux apparaît le bourg de la Jaille-Yvon, (1) fièrement campé sur la crête aride d'une colline aux tons rougeâtres. Ce fief était déjà célèbre au XIe siècle et ses seigneurs sont souvent cités dans les Annales de l'Anjou. Plus près, sur la rive opposée, se profilent les pavillons aux girouettes armoriées, la chapelle gothique et les hautes terrasses aux balustrades de pierres du vieux castel du Port-Joulain (2) (ancien fief et seigneurie de Daon et de Pommerieux), rajeuni par une intelligente restauration. Les Anglais l'occupèrent pendant la guerre de Cent-Ans. Un beau pont de construction récente a remplacé le bac d'autrefois.

(1) *Dictionnaire historique, géographique et biographique de Maine-et-Loire*, par M. Célestin Port, au mot la Jaille-Yvon. La Jaille doit son nom au chevalier Yvon qui en fortifia le premier château pour commander la Mayenne entre Daon, Château-Gontier et le Lion-d'Angers. La paroisse, comme la châtellenie, dépendait de l'évêché d'Angers, du doyenné de Craon, de la sénéchaussée et de l'élection de Château-Gontier, sauf les fiefs de Cussé, du Plessis-la-Jaille et du Hardas, relevant d'Angers. V. Ménage. *Histoire de Sablé*, p. 180, 274, 174, 198, 201, 202, 367, 387. Le châtelain de la Jaille-Yvon avait droit de pêche exclusif depuis le Port-Joulain jusqu'à une borne de pierre dans les prés de l'Oucheraie, four à banc dans la ville, pressoir banal dans la cour du château, justice patibulaire à trois piliers, droit de bon vin, droit de chasse à toutes bêtes dans les bois de la Drogerie. Un seigneur de La Jaille accompagna Jean le Bon dans l'expédition de Hainaut (1379). Louis Ier d'Anjou comptait parmi les seigneurs qui l'accompagnaient à sa rentrée à Angers en 1379 un sire de La Jaille, etc. Parmi les croisés en 1158, avait figuré Aubert de La Jaille. Jean de La Jaille avait assisté en 1222 aux obsèques de Guillaume Desroches, sénéchal d'Anjou. On trouve aussi en 1213 Guillaume de La Jaille; en 1469, Bertrand de La Jaille était chambellan du Roi de Sicile, capitaine de Loudun. Pierre de La Jaille fut grand sénéchal de Provence. (V. *Archives de Maine-et-Loire*, E, 290. 1372-1496.)

(2) Fief dans la commune de Daon; vassal de la seigneurie de Daon; *Dictionnaire topographique de la Mayenne*, par M. Léon Maître, Paris, 1878, p. 263.

Voir Rymer, vol. III, p. 536, 547. Le traité de Brétigny stipule l'évacuation du Port-Joulain. On lit dans Rymer : *Le port Julien*. Tableau des lieux forts occupés en France par les compagnies anglo-navarraises, de 1356 à 1364, p. 452 : *Histoire de Duguesclin et de son époque*, par Siméon Luce. *La Jeunesse de Bertrand*, t. Ier. Le Port-Joulain appartient aujourd'hui à M. Max Richard, ancien député de Maine-et-Loire. Il y avait au XVIIe siècle un garde-gabelles au Port-Joulain, d'après le registre de la paroisse de Daon. Il s'appelait en 1706 René Magengchaud. On voit dans le Dictionnaire de M. C. Port que le nom de Port-Joulain vient de Joulain du Port, seigneur en 1396 et fondateur, le 7 décembre 1428, de la chapelle seigneuriale sous l'invocation de Saint-Jean-Baptiste. Au XVIe siècle le Port-Joulain appartenait à la famille D'Anthenaise. En 1747, l'officier chargé du

Enfin, en face de Daon, encadrée par un bouquet d'arbres centenaires, émerge sur le sommet du coteau l'habitation des Vaux. C'était jadis un monastère dépendant de l'abbaye de la Roë et dont les moines ont été expulsés pendant la Révolution. (1) Lafontaine a parlé quelque part, avec une pointe de malice gauloise, de l'homme qui court après la fortune tandis que son voisin l'attend paisiblement dans son lit. Ceux qui entreprennent de lointains voyages à la recherche des sites enchanteurs sans penser qu'ils ont à leur porte de ravissants paysages, ne méritent-ils pas aussi qu'on sourie des déceptions qui leur sont souvent réservées ?

Daon, *Duniacum, Daona, Daoun, Daun, Daanz, Daain*, tels sont les noms divers sous lesquels est désignée dans les manuscrits et les chartes du moyen-âge la localité à laquelle nous consacrons cette notice historique. Le prieuré de Daon dépendait de l'abbaye de la Roë, archidiaconné d'Outre-Maine, doyenné d'Ecuillé, diocèse d'Angers, avant 1790. Il fut réuni au diocèse du Mans par le Concordat de 1801, (2) et

poste avait nom Nicolas Magengchaud; il était sans doute parent de Patrice Magengchaud, employé au poste de gabelles de Daon, existant depuis 1706, époque à laquelle le lieutenant de gabelle était Pierre Le Cœur.

En 1735, le lieutenant de gabelle de Daon avait nom Messire Carrey, seigneur d'Hauterive; le 25 juillet 1735, Messire René-Olivier Duguesclin, chevalier, seigneur de l'Escoublère, fut parrain d'un enfant de Carrey, seigneur d'Hauterive.

(1) Cartulaire de l'abbaye de la Roë, près Craon. Manuscrit du XIIe siècle, commencé en 1158 par l'abbé Michel et déposé actuellement à la mairie de Craon (Mayenne). Le château des Vaux, commune de Menil, était une terre seigneuriale qui appartenait aux chanoines de la Roë et relevait du marquisat de Château-Gontier et de plusieurs seigneuries inférieures; elle s'étendait dans les paroisses de Menil, de Daon, de Montguillon et de Chambellay. *Dictionnaire topographique de la Mayenne*, p. 328.

La famille Desnoës possédait, dès le XVIIe siècle, d'après les archives de la paroisse de Daon, la terre et seigneurie des Vaux, qui lui appartient encore.

(2) Daon, canton de Bierné. — Wido clericus de Daun, 1118 (abb. Saint-Aubin d'Angers). — Eccl. Sancti Germani de Daona 1136 (abb. de la Roë). — Oliverius de Daan, 1216 (Arch. de la Mayenne, II 183). — Oliverius de Daum, 1223 (Arch. de l'Hôtel-Dieu d'Angers, B 156). — In parochia de Daanz, 1250. — (Arch. de la Mayenne, II, 183, f° 106). In parrochia de Daonio, XIIIe siècle (*Ibid.* f° 104). — Daon sur Maienne, 1509 (Abb. de la Roë). — Paroisse de Dan, 1535 (*Ibid.*) — Anc. par. du doy. d'Ecuillé et de l'élect. de Château-Gontier. La châtellenie de Daon, dépendant du marquisat de Château-Gontier s'étendait sur Marigné et Saint-Michel-de-Feins. *Dictionnaire topographique de la Mayenne*, p. 108-109, et *Géographie ancienne du Diocèse du Mans*, par D. Cauvin, p. 295.

Un champ de Clairveau en Saint-Michel-de-Feins, situé sur le chemin de Villoin, à Daon, s'appelait La-voie, la voie : on a trouvé auprès des pavés fait aujourd'hui partie depuis 1855 du diocèse de Laval. Le patron de la paroisse était Saint-Germain, le présentateur l'Abbé de la Roë, et le collateur l'Evêque d'Angers. Daon dépendait au point de vue financier de l'élection et du ressort du Grenier de Château-Gontier. Au point de vue judiciaire, cette paroisse relevait de la sénéchaussée d'Anjou et du ressort du marquisat de Château-Gontier érigé en 1647 par le Président de Bailleul. En 1790 Daon fut déclaré canton et eut dans sa dépendance Bierné, Coudray, Argenton, Saint-Michel-de-Feins. C'est maintenant Bierné qui est le chef-lieu de canton en vertu de la loi du 28 Pluviôse an VIII.

Vers 765, un homme riche possédant plusieurs domaines aux diocèses de Rennes, du Mans, d'Angers, les donna en grande partie au monastère de Prum, dépendant de l'archevêché de Trèves, en Allemagne, et prit l'habit de religieux. Parmi les terres qu'il avait au diocèse d'Angers sont nommées les trois suivantes, *Duniacum*, *Bron* et *Colridum* qui paraissent désigner *Daon*, *Bréon* et *Coudray*; ces trois lieux sont nommés de suite. C'est la première fois que l'on rencontre dans les documents anciens le nom de Daon.

En 1136, le pape Innocent II, dans une bulle confirmant au couvent de la Roë les donations qui lui avaient été faites, nomme l'église de Daon : *Ecclesiam Sancti Germani de Daona*.

De 1154 à 1160, le cartulaire de la Roë fait mention d'un prieur de Daon nommé Anger qui assista comme témoin à un accord entre les religieux de la Roë et les Templiers concernant la dîme de Saint-

provenant sans doute d'une voie romaine, et des monnaies ont été recueillies aux environs.

Il y a eu à Daon un grand et un petit cimetière comme l'attestent les registres de la paroisse; il n'y en a plus qu'un seul aujourd'hui.

Dans la chapelle du Cimetière sont enterrés MM. Rousseau, Mahé, Foucault, curés de Daon, ainsi que M. Casseroux, prêtre habitué de Daon, déporté en 1792, rentré en France en 1801 et mort en 1815. Cette chapelle du Cimetière, dédiée à Sainte-Marie-Madeleine, a été fondée en 1788, et a remplacé l'ancienne chapelle du Prieuré de la Madeleine. Il est d'usage qu'au temps de Pâques ceux qui ont fait la communion fassent une station à la chapelle du Cimetière, et y déposent une offrande pour contribuer à son entretien. Ils font également une station à la chapelle de la Tremblaie. Le jour des Rogations on va en procession à la chapelle du château de la Porte. En reprenant le chemin de Daon, la procession s'arrête vis-à-vis de l'église de Menil. On chante alors une antienne en l'honneur de Saint-Georges, patron de Menil, et l'oraison du Saint, puis on rentre à Daon. (Archives de la Cure de Daon.)

Sauveur-de-Flée. Ce prieur fut sans doute par la suite l'abbé de la Roë qui, en 1170, s'appelait Anger. (1)

L'église de Daon est donc d'une origine assez ancienne.

De 1181 à 1185, la cour de Rome confirme également audit couvent l'église paroissiale de la Madeleine de Daon. Il y avait trois prieurés simples à Daon, la Madeleine, desservi par les moines de la Roë, de l'ordre de Saint-Benoît, les Ferriers et le prieuré de Bréon dépendant de la Roë, en outre du prieuré-cure de Saint-Germain de Daon. (2)

Vers 1210, un Mathieu de Daoun était présent à l'accord fait entre Goscelin ou Jousselin, abbé de Saint-Nicolas, et un nommé Jean Pinel de Gennes. Celui-ci avait tué Jean Fabri ou Lefèvre. La veuve de Fabri, Eremburc, demanda justice de ce meurtre à la cour d'Allard de Château-Gontier qui lui permit de vider sa querelle par le duel, suivant l'usage des temps féodaux. Pinel se présenta en

---

(1) L'église de Saint-Sauveur-de-Flée appartenait, au xie siècle, au seigneur de Molière, et fut donnée par son gendre, Albéric le Roux, dans les premières années du xiie siècle à l'abbaye de la Roë; les dîmes sur le fief de la Motte étaient perçues par les chevaliers du Temple. Feodum Guidonis de Mota, 1149, 1168. Cartulaire de la Roë, ch. XLIII.

(2) L'église de Daon se termine par trois ronds points formant chacun un hémicycle parfait : celui du milieu, où est le maître-autel, est éclairé par deux croisées de même style que celles de Livré près Craon ; comme ces deux églises dépendaient de l'abbaye de la Roë, on peut croire qu'elles ont été bâties par les moines. La croisée du pignon de l'ouest, en ogive primitive, parait être du xiie siècle. Les trois hémicycles représentent les trois absides des églises romanes servant, celle de droite à mettre les vases sacrés, celle de gauche les livres de l'Eglise, et celle du milieu à recevoir le maître-autel.

Saint-Germain de Daon possède des reliques de la vraie Croix. Le curé de Saint-Michel partageait avec le prieuré de Daon les dîmes de Clairveau, de Villoin *(Villelou,* 1300, *Villa Lupi) (Villelouing,* 1397), de la Mare et de Grigné, dans les terrains dépendant de la paroisse de Daon. On trouve en 1619 deux vicaires à Daon. Il y avait en 1607 quatre prêtres habitués à Daon, en outre du curé et du vicaire. Au xviiie siècle, le prêtre sacristain de Daon avait un sous-sacriste laïque. Les prieurs-curés, vicaires et prêtres habitués étaient souvent parrains au xviie siècle. On enterrait d'ordinaire les prieurs-curés dans l'église de Daon. A diverses époques Daon n'eut pas de vicaire. — (Archives de la Cure et registres de la Paroisse de Daon.)

L'abbé de la Roë présentait le prieuré-cure de Daon et le prieuré simple de la Madeleine. *(Histoire d'Anjou,* par Barthélemy Roger, p. 214.) La Madeleine de Daon figure parmi les bénéfices de l'Evêché d'Angers en 1569 et 1579. *(Archives de Maine-et-Loire.* Evêché d'Angers, série G., 18.) Le presbytère actuel date du xviie siècle et on y jouit des fenêtres d'une vue splendide sur la Mayenne.

L'ancienne chapelle du prieuré de la Madeleine fut remplacée en 1788 par la petite chapelle du cimetière actuelle, dédiée à Sainte-Madeleine.

champ clos au jour fixé pour se mesurer avec le champion d'Erembure. Mais l'abbé de Saint-Nicolas, frère de Fabri, intervenant, s'opposa au combat. Il proposa que le meurtrier fît plutôt une fondation pieuse pour le repos de l'âme de son adversaire, Pinel y consentit et donna à Saint-Nicolas plusieurs champs situés auprès d'Azé et de Gennes, ainsi qu'une rente de dix sols. Mathieu de Daon était accompagné d'un autre personnage de Daon qui n'est désigné que par l'initiale R (peut-être était-ce *Raynaud*) et qui prend le titre de *Maître*. « Magister R. de Daon. » (1) Etaient aussi présents Jean et Amelin de Goubis, Thibaut de Censé près Coudray, et Gauthier de Bierné. Les seigneurs de Daon firent de nombreuses largesses au couvent de la Roë. En 1226, Guy de Daon donne à la Roë, le jour de sa mort, une rente annuelle de quatre septiers de seigle sur les moulins de Fourmusson, près Daon. « *Ego Guido de Daon, pro remedio animæ meæ et prædecessorum meorum dedi in puram et perpetuam elemosinam Beatæ Mariæ de Rota et fratribus ibidem Deo servientibus quatuor sextertia siliginis annuatim percipienda super molendinis meis de Folmuchon.* (2) *Quæ pure et integre solventur et successoribus meis quotannis in die Nativitatis Beatæ Mariæ. In cujus testimonium præsentem cartam sigillo meo roboravi et confirmavi. Datum in die obitus Amaurici Credonensis. Anno Domini 1226.*» (3) Guy assista en 1233 au contrat de mariage d'Isabelle de Craon et de Raoul de Fougères et fut caution avec Hugues de Baucé et Robert de Maulévrier de la dot que lui assigna Jehanne Desroches sa mère. Cette dot était de deux mille livres tournois payables en deux termes. Il était stipulé que si dans le temps marqué cette somme n'était pas payée, lesdits Guy de Daon et autres devaient se rendre à Fougères et y rester en otages jusqu'au parfait paiement. (4) La chapelle priorale du Bois de Bréon existait

(1) Cartulaire de l'abbaye de la Roë.
(2) Fourmusson, moulin de la commune de Daon. — Au moulin de Furmuezon, 1564. (Abb. de la Roë, II 184.) En 1706 il y avait un garde sel établi à Fourmusson, Pierre Garreau y était employé à la ferme du Roi en 1710. (Extrait des registres de la paroisse de Daon.)
(3) *Histoire de Sablé*, par Gilles Ménage, remarques et preuves, livre XII, p. 400 et 410, d'après les Archives de l'abbaye de la Roë.
(4) Ces conventions furent rédigées dit le Cartulaire de l'abbaye de la Roë « apud Bellebrancham » (au couvent de Bellebranche), anno domini 1233 ; mense februario. B. M. de Bella-brancha, XIIe siècle (Archives de la Sarthe). Abbate Bele-Brachie, XIIe siècle (Cartulaire de l'abbaye de Savigny, f° 122). Abbaye de bénédictins fondée en 1151, et donnée au collège de La Flèche (Sarthe), en septembre 1607.

en 1239.(1) Cette année-là un gentilhomme de Daon nommé Guillaume de Cens (2) donne à cette chapelle dix sols de rente annuelle et perpétuelle, payable dans l'octave de l'Angevine, s'engageant lui et ses héritiers si cette rente n'était pas soldée au temps fixé, à payer douze deniers de plus pour chaque jour de délai et même à y être forcé par sentence d'excommunication dans le cas d'un trop long retard.

Les fiefs de la mouvance de la châtellenie de Daon étaient, selon le *Dictionnaire topographique de la Mayenne : Launay de Gennes*, commune de Denezé-sous-Le-Lude (Maine-et-Loire), fief avec château-fort muni d'un pont-levis et entouré de douves. (3) Il tenait son nom de la famille de Gennes qui le possédait dès avant le xvie siècle. La chapelle, fondée en 1526 par Jean de Gennes, est une des plus pittoresques ruines de l'Anjou. *Denezé-sous-Le-Lude*, canton de Noyant, arrondissement de Baugé (Maine-et-Loire). (4) *L'Epine* en Bierné

(1) Bréon-Subert : château, commune de Daon. Capella de Bosco de Breil en Sebert, 1239 (Arch. de l'abbaye de la Roë). Le prieur de Breillon Subert, 1406 (Arch. de la Mayenne, série E). Esbois de Breil Sibert, 1471 (Abb. de la Roë). Le prieur de Bréon Surbert, 1486 (*Ibid.*). Brel en Subert, 1499 (*Ibid.*) Prieur de Bril an Subert, 1504 (*Ibid.*) Le fief de Bréan Sethert, 1637 (Archives de la Mayenne, série E) : Brion sur Berne (Cassini). En 1648 le prieur de Bréon prend le titre de prieur de St-Blaise et de Bréon Subert. En 1694 le prieur se nommait Louis-Armand de Bois-Sorhoette, prêtre. Le château de Bréon devait être imprenable : les anciennes portes et fenêtres étaient en ogive ; cette forteresse, qui se dressait à pic à plus de cent pieds au-dessus de la Mayenne, occupait donc une position très-avantageuse. Le ruisseau du Béron, qui se jette dans la rivière au-dessous des ruines du château de Bréon, parait avoir été élargi à une certaine distance pour entourer le castel de ce côté. Il devait y avoir un fort détaché en avant du moulin de Fourmusson qu'on appelait alors Formusson ; sur les anciennes cartes on lit Bréon sur Berne, c'est-à-dire passage ou habitation sur le Béron.

(2) Aujourd'hui la ferme de Sens (commune de Daon). *Dictionnaire topographique du département de la Mayenne*, p. 302. Les seigneurs de Cens possédaient un beau château entouré de douves, et sans doute détruit par les Anglais, au xive ou au xve siècle. Il était sujet de la Motte-Cormerant en Saint-Michel-de-Feins.

(3) *Launay de Gennes*, commune de Denezé-sous-le-Lude, canton de Noyant, arrondissement de Baugé (Maine-et-Loire) : L'herbergement Macé de Launay xive siècle. (Cartulaire de Monnais, p. 268). — *L'eau qui vient de Launay*. (ibid). — Launay-le-Jeune. Et M. *(Dictionnaire Historique* de C. Port, au mot : *Launay de Gennes*.)

(4) *Denezé-sous-le-Lude*. — *Ecclesia de Daneze*, 1225. (Mss. 624, t. II, f° 640). — *Denezée*, 1313 (G. 660, f° 42). Denezeium, 1326 (G. 16) 1501 (G. 17). — *Denezé-Lholeau*, 1726 (Saugrain). Denezé-sous-le-Lude, 1685 (Pouillé). — *Denezé-sur-le-Lude*, 1783 (Pouillé). Les seigneurs de Launay de Gennes y avaient dans le bourg une résidence appelée le Pavillon. (Arch. de Maine-et-Loire, G. 192, 193, 198, 204.)

(Mayenne). [1] La *Haie de Clers ou de Clefs*, [2] populairement appelée la *Haclée*, fief de Jarzé, canton de Seiches, arrondissement de Baugé (Maine-et-Loire). Elle fut annexée depuis le xvi⁰ siècle au château de la Fresnaie : la chapelle était desservie par les Religieux de Melinais. *Guéroul*, commune de Daon (Mayenne), arrière-fief du duché d'Anjou, et nommé aussi Grande-Vallée. [3] *Maltouche* en St-Michel-de-Feins (Mayenne). [4] *Marigné* ou *Marigné-sous-Daon*, arrondissement de Châteauneuf (Maine-et-Loire). [5] *Mauvinet*, en Saint-Michel-de-Feins et Coudray (Mayenne), appelé aussi les *féages de Chanteussé*, [6] qui s'étendait sur Gennes, Daon, Saint-Aignan, Chanteussé, relevant partie du marquisat de Château-Gontier, partie de la châtellenie de Daon. Gervaise de Mauvinet est citée en 1297 dans l'acte d'arrentement par lequel Michel de Goubis de Saint-Michel-de-Feins cède le Grand-Chaigné de Daon à Jean de Mortreux. Nous voyons dans la Généalogie manuscrite de la maison de Quatrebarbes, Maurice de Mauvinet, frère de mère du maréchal de Boucicault. Cette généalogie nomme aussi la dame Isabeau de Mauvinet, sœur de Maurice de Mauvinet : celui-ci avait épousé Marie de Craon, dame de Précigné, en 1396. Isabeau de Mauvinet était mariée à Gilles Chollet de la Choletière, seigneur de Quelaines. De ce mariage naquit Louis Des Barres dit le Barrois, fait chevalier sous les murs d'Alexandrette en Syrie, en 1403, et qui se signala à la bataille de Tripoli contre les Sarrasins. Il épousa une demoiselle de la Choletière. Il eut pour fils Pierre des Barres, seigneur de Mauvinet et autres lieux, conseiller et chambellan du roi, sénéchal d'Auvergne et du Bourbonnais, mort en 1470. Le dernier seigneur de ce fief fut Boucicault de Meillan, seigneur de la Porte de Daon, qui mourut peu avant la Révolution. La *Motte-Cormerant* ou *Cormenant* en St-Michel-de-Feins (Mayenne), ancien manoir relevant de Bréon-Subert, [7] et ayant pour sujet le seigneur de Cens de Daon : Le fief des Bégars en Saint-Michel dépendait de la Motte-Cormerant. Jean

---

(1) *Dictionnaire Topographique de la Mayenne*, p. 118.
(2) La Haie de Clefs. (*Archives de Maine-et-Loire*, G. 106, f° 81.)
(3) Guéroul. (*Dictionnaire Topographique de la Mayenne*, p. 158.)
(4) Maltouche. (*Dictionnaire Topographique de la Mayenne*, p. 203.)
(5) Marigné-sous-Daon : xviii⁰ siècle. (*Dictionnaire Historique* de C. Port.)
(6) Mauvinet. (Recherches historiques sur Saint-Michel, par l'abbé Foucher et *Dictionnaire Topographique de la Mayenne*, p. 210.)
(7) La Motte-Cormerant. (Recherches historiques sur Saint-Michel, par l'abbé Foucher.) Pour les Boucoault, voir les Archives de Maine-et-Loire, série E, 1751.

d'Ingrandes était seigneur de la Motte-Cormerant en 1496 : en 1555 le seigneur était Robert des Rotours : en 1650 c'était Pierre de la Corbinais, époux de Marie Le Cornu des Haies, qui possédait ce fief. Sa terre passa après aux Des Haies de Crie. N. de La Corbinais épousa Nicolas Mellet, seigneur de la Tremblaie près Essé, diocèse de Rennes. Les autres fiefs de la mouvance de Daon étaient : le *Grand* et le *Petit Marigné*, *Chemeré-le-Roger*, (1) *Fouloux*, (2) *Forges*, (3) *La Porte*, (4) *Savigné*, (5) *Beaumont* dit *Beaumont-Valette*, où était jadis la chambre du lépreux, et *Villeneuve* où, selon la légende, les chauffeurs de pieds exercèrent leurs cruautés.

La châtellenie de Daon étendait sa juridiction sur les quatorze paroisses que nous avons citées et ses seigneurs étaient possesseurs de la forteresse de Bréon. Le premier de ces personnages dont l'histoire fasse mention est Nihel de Daon (Nigellus) qui vivait au commencement du XIIe siècle. On voyait au temps de Ménage (6) sur un ancien titre du chapitre de Saint-Maurice d'Angers, qu'il remit aux chanoines, en présence d'Allard II de Château-Gontier, qui vivait vers 1123, toutes les prétentions qu'il pouvait avoir sur la terre de la Fosse-Gaultier. Il eut pour fils et successeur Mathieu ou Mathurin de Daon, père de Foulques, d'Olivier, de Guy de Daon. De cette famille étaient aussi issus Hubert de Champigné, Geoffroy, seigneur de Chanzé, et Luhel de la Roussière. Foulques fut seigneur de Daon par droit d'aînesse. Olivier le fut de Pocé en Touraine. Il portait le titre de chevalier banneret dans les armées de Philippe-Auguste. Niel, Mathieu, Foulques et Guy, firent beaucoup de dons au couvent de la Bois-

---

(1) Chemeré-le-Roger. *(Dictionnaire Topographique de la Mayenne*, introduction, p. XXIV.)

(2) Fouloux. *(Dictionnaire Topographique de la Mayenne*, p. XXIV.)

(3) Forges. *(Dictionnaire Topographique de la Mayenne*, p. XXIV.)

(4) La Porte. *(Dictionnaire Topographique de la Mayenne*, p. XXIV.)

(5) Savigné, ferme de Louvigné, près Argentré (Mayenne). On peut aussi ajouter la Gourdinière de Saint-Laurent-des-Mortiers, arrière-fief du duché d'Anjou, vassal de la Châtellenie de Daon, qui s'étendait sur Bierné, Saint-Laurent, Sœurdres et Daon, et la Suhardière de Daon. La Marre devait deux deniers au château de Villoin, pour le bois Brichet : la Robinerie aussi de Villoin devait dix deniers. Chanteloup était un démembrement de Villoin partagé en trois : le Grand et le Petit Villoin et Chanteloup.

(6) *Histoire de Sablé*, par Gilles Ménage, première partie, p. 309, additions.

sière (1), et il est fait mention dans le don de Guy d'un Jodonius de Daon. (2) Mathieu voulut y être inhumé. Olivier de Daon et Jean de la Jaille assistaient aux obsèques de Guillaume Desroches, seigneur de Sablé et sénéchal d'Anjou, en compagnie de l'élite de la noblesse d'Anjou et du Maine. Le sénéchal fut inhumé, en 1222, à l'abbaye de Bonlieu, dans la paroisse de Bannes, près Château-du-Loir, qu'il avait fondée, par Maurice, évêque du Mans. Après les funérailles, tous les seigneurs présents donnèrent des rentes au monastère. Olivier de Daon fit don d'une rente d'un demi muid de froment sur les terres de Pocé (3) *(dimidium modium frumenti in frumentagiis suis de Poce).* Jean de la Jaille, la moitié de deux parts de la dîme qu'il possédait sur deux métairies de la paroisse de Saint-Mars-d'Outillé; Geoffroy de la Jaille, la moitié d'un arpent de pré situé à Marson. G. de Clers ou Clefs un demi muid de seigle sur ses dîmes de Juvardeil *(de Gavarde).*

Guillaume, fils de Foulques de Daon, eut trois fils, Guillaume, Bouchard et Allain. Guillaume n'eut qu'une fille, mariée à Pierre Sauvaing, seigneur de Palais, et Bouchard fut archevêque de Tours en 1285. (4) Allain épousa la fille unique du seigneur de Kermeneran,

---

(1) La Boissière, ancienne abbaye de bénédictins, commune de Denezé-sous-le-Lude (Maine-et-Loire). Archives de Maine-et-Loire, séries H et M. Dictionnaire de C. Port.

(2) Jouin ou Joduin, Jodoinus ou Jodonius de Daon. Titre de l'abbaye de la Roë de l'année 1200.

(3) Jean Huines. *Histoire manuscrite de Saint-Florent.*

(4) Ménage. *Histoire de Sablé. Histoire des archevêques de Tours,* par Maan. Bouchard était fils de Guillaume de Daon et de Jeanne de la Roche-Bouët. Les seigneurs de Daon portaient de sable à trois têtes de daim d'or, sommé de même à la bordure d'argent, selon Ménage : selon un autre auteur, la famille de Daon portait d'argent à un écu de sable chargé de trois massacres (ou tête d'animal décharné) de cerf d'or posés 2 et 1. *Vocabulaire héraldique de l'Armorial général de l'Anjou,* par J. Denais. — Les Sauvaing portaient d'hermine à la croix pâtée de gueules. (Note communiquée par M. J. Denais.) Les Silvain, Souvain ou Sauvain avaient donné leur nom au *Fief-Sauvin,* canton de Montrevault (Maine-et-Loire). En 1399 Jean Aménard était seigneur du lieu et avait épousé Jeanne Sauvin. On trouvait encore le nom de Sauvin dans le pays au XVII° siècle. Le Plessis-Sauvaing, ancien fief sans domaine du nom de la famille Sauvain, qui reste attaché aussi à celui de commune et qui le possédait encore vers 1520. V. *Dictionnaire* de C. Port au mot Plessis et au mot Fief-Sauvin.

près Saint-Brieuc. Nous voyons ensuite que, en 1297, Jehan de Mortheroux (Mortreux) (1) prend à rente de Michel de Goubis, en Saint-Michel-de-Feins, de Perronelle son épouse, et de Guillaume leur fils, qui retenaient leurs droits féodaux sur ce lieu, la métairie du Grand-Chaigné de Daon pour un muid de seigle (50 boisseaux environ). Cette rente fut amortie un siècle après. (2) Fouquet Barre, fils aîné de défunt Jehan Barre, vend en 1298, à Angers, à David de Ses-Maisons, bailli d'Anjou et du Maine, pour Charles de Valois, à raison de 225 livres, les fiefs de *Daain,* des Vaulx, Bretz, Gobir et Grosbois, ainsi ce que la dame de l'Ille et Macé Quatrebarbes tenaient du dict Fouquet. Cette vente eut lieu par suite de la saisie des dits fiefs résultant de l'insuffisance de foi et hommage de Fouquet et surtout « *à cause du défault de l'ost dou véage de Gascoigne et de celui de Flandre qui n'avoient mie esté fez à Monseigneur le Conte.* » (3)

Le château de Bréon fut peut-être au nombre de ceux que les Anglais, maîtres de Château-Gontier, détruisirent en 1368 ; (4) mais cette appréciation ne repose sur aucun document authentique.

Des Sauvaing, la terre de Daon passa aux mains des Aménard de Bouillé, sans doute par le mariage, en 1399, de Jean Aménard et de Jeanne Sauvin. Jehan Aménard, seigneur de Daon, de Chanzé, de Bouillé, se distingua à la bataille de la Broissinière contre les Anglais 1423. (5) En 1443, nous trouvons parmi les seigneurs combattant au

(1) Mortreux, chât. et ferme de Daon : Gaufredo de Mortuis-Aquis, 1060 (Cart. de Saint-Maur-sur-Loire, ch. XLIX.) Fief du duché d'Anjou, vassal de la châtellenie de Daon.

(2) Le Grand-Chaigné passa au XVᵉ siècle entre les mains de N. du Port, et fit peu après partie de la donation du bénéfice de la Porte, près Menil. Le titulaire recevait environ trois mille francs pour dire trois messes par an. (Manuscrit du curé Mahé.) Le Grand et le Petit-Chaigné ; ce dernier était un fief qui relevait du duché d'Anjou par la châtellenie de Daon. *Dictionnaire topographique du département de la Mayenne,* page 65.

(3) Archives d'Anjou. Il s'agit sans doute de Daniau, ferme de la commune de Menil, plutôt que de Daon, car il n'y avait pas sur la rive droite de la Mayenne de fief du nom de Daon. Daniau ou Danneau, métairie, 1600. (Abb. de la Roë, II. 184.)

(4) *Grandes chroniques de Saint-Denis,* t. VI. p. 254. Archives nationales, section historique, J J. 99, nᵒ 593. Bibliothèque de l'Ecole des Chartes, t. III, p. 274, 277. V. notre article dans la *Gazette de Château-Gontier* du 3 décembre 1878 sur l'occupation de Château-Gontier par les Anglais en 1368.

(5) *Histoire chronologique de Charles VII,* par Denis Godefroy, p. 370. — *Histoire d'Anjou,* de Barthélemy Roger, p. 330.

Bourgneuf-Saint-Quentin contre les Anglais sous les ordres de Jean d'Alençon : de Montalais (anciennement Moulteloix, de Multillegibus), seigneur de Chambellay, de la Faucille près Châtelais ; (1) des Barres, seigneur de Saint-Michel-de-Feins ; Guy de Salles, chevalier, seigneur du Mesnil, Salles et de Crion. Ce Guy de Salles était l'ancêtre des seigneurs de Salles de l'Escoublère de Daon, et de Beaumont de Miré. (2)

En 1462, procès entre vénérable et discret messire Guillaume Fournier, curé titulaire de Notre-Dame d'Argenton et pénitencier d'Angers, et le père N., prieur, curé de Saint-Germain de Daon, relativement à leurs droits curiaux sur les lieux de la Lande et du Bois. (3) Le

---

(1) Barthélemy Roger, dans son *Histoire d'Anjou*, dit qu'en 1406 Maure de Montalais fonda le monastère des Cordeliers à Cholet. On sait que les Montalais étaient depuis le xiii° siècle seigneurs de Chambellay, et le furent jusqu'en 1710 ; Hugues de Montalais et son fils figurent en décembre 1470, à la montre de la noblesse et arrière-ban de l'Anjou. Les de Montalais s'étaient distingués dans les combats contre les Anglais et à la reprise du Mans en 1428 ; Mathurin de Montalais, aumônier du roi en 1575, fut abbé de Saint-Melaine de Rennes. Un de Montalais était au nombre des officiers du prince Conti, pendant les guerres de la Ligue. — V. sur les Montalais l'*Histoire de Sablé* de Gilles Ménage, p. 343-344. V. aussi *Dictionnaire historique* de C. Port, aux mots Chambellay et Montalais.

(2) Détails extraits des Archives de la paroisse d'Argenton. La famille de Salles, selon les Archives du château de la Sionnière, était sujette d'Argenton. Les Montalais portaient d'or à 3 chevrons de gueules à la fasce d'azur brochant sur le tout. Les Aménard, seigneurs de Bouillé-Ménard, au xiv° ou xv° siècle, portaient cotice d'argent et d'azur de dix pièces. (Note communiquée par M. J. Denais.)

(3) Le registre de la paroisse renferme de curieux détails sur les revenus du prieur-curé de Daon : nous voyons qu'il tenait de la châtellenie de Bréon un quartier de vigne situé au Grand-Clos dudit Daon, sur les Grandes-Places, nommé le *quartier Saint-Germain*. Ce prieur recevait quatre sommes de bois par semaine à prendre sur le bois de la Forêt de Bréon. Il y avait alors aussi à Bréon comme nous l'avons dit, un prieuré dont dépendaient deux closeries : le *Petit-Prieuré* et la *Touche-Belin*, qui valaient vers 1607 cent sous par an de revenus. Ce prieuré existait dès 1239. (Archives de la Mayenne, folios 60, 61, 62, 64, 165.) Le prieuré de la Madeleine à Daon, desservi par les moines de l'abbaye de la Roë, possédait la closerie de la Madeleine. Il fut donné en commande à Jean Chevalier, chanoine de l'église collégiale de Saint-Pierre d'Angers. En 1582, ce prieuré étant vacant par la mort de Guillaume le Gentilhomme, René Bellier en avait pris possession après avoir reçu provision de l'archevêque de Tours, et s'être pourvu en cour de Rome. Plus tard ce prieuré fut donné en commande à Jean Chevalier, chanoine de l'église collégiale d'Angers. Les seigneurs de Daon prétendaient de leur côté que la présentation du Prieuré leur appartenait. En 1598 le prieur de la Madeleine recevait chaque année 21 s. du fermier du prieuré pour l'acquit de trois messes par semaine. Le 14 octobre 1639 on y inhuma un enfant.

curé d'Argenton disait : la Lande et le Bois sont d'Argenton, parce que les habitants de ces lieux font leur pâques, donnent le pain bénit et paient la taille à Argenton et y sont enterrés ; de plus, la procession des Rogations fait le tour du Bois et de la Lande. Le curé de Daon reprenait : ces deux endroits sont de Daon, parce que les habitants accomplissent leurs devoirs de chrétiens à Daon, et paient les tailles à Daon depuis un temps immémorial. Les juges tranchèrent le différent par la moitié et une voyette ou petit *sentier* qui coupait en deux parties égales le terrain en litige, servit de limite aux deux paroisses de Daon et d'Argenton. (1)

Ménage dit, à la page 369 de son *Histoire de Sablé,* que la terre de Daon passa aux Aménard, des Aménard aux Montalais, des Montalais aux Le Clerc des Aunais. Nous avons vu comment vers la fin du xiiie siècle, les Sauvaing ou Souvain, seigneurs du Fief-Sauvain près Montrevault (Maine-et-Loire), devinrent seigneurs de Daon. Les Aménard de Chanzé et de Bouillé le furent à leur tour, dès la fin du xive siècle et au xve siècle, jusque sous Louis XI. Puis les de Goulaines et les Montalais leur succédèrent au xvie siècle. Les *Archives de Maine-et-Loire* mentionnent un aveu rendu au château d'Angers, en 1526 par Mathurin de Montalais, époux de Renée de Goulaines, pour sa seigneurie de Daon. (2)

On avait inhumé en 1652 François Dean, vicaire à Daon, devenu après prieur de la Madeleine. Le 30 septembre 1702 l'évêque d'Angers transféra le service divin de la Madeleine, délabrée et hors de service, à la chapelle nouvellement bâtie par les fidèles auprès du village de la Tremblaie. L'argent faisait défaut pour réparer la Madeleine. D'après l'acte de fondation la nouvelle chapelle devait être annexée au prieuré de la Madeleine et prendre le nom de chapelle de la Madeleine. Cette condition ne fut pas remplie, puisqu'on l'appela chapelle de la Tremblaie. (*Archives de la Mayenne,* paroisse de Daon, fol. 72, 73, 74, 75 à 80, 82, 84, 85, 86.)

(1) Extrait du manuscrit de M. Foucher, ancien curé de Saint-Michel. D'après les archives d'Argenton et de Daon, M. Foucher a légué à la cure d'Argenton un volumineux cahier qui se compose de trois parties : *Les notes et souvenirs historiques du département de la Mayenne; les notes sur les guerres civiles aux environs de Château-Gontier,* qui renferment des détails très-curieux sur la *Chouannerie* et sur les *frères Coquereau,* et enfin des *recherches sur l'église et la paroisse de Saint-Michel-de-Feins.* L'auteur a consulté tous les documents et registres des paroisses voisines et les archives de la famille de Quatrebarbes, au château de la Sionnière.

(2) *Archives de Maine-et-Loire,* série E. Titres de famille, E. 3408. « Le 19 août « 1526 Mathurin de Montalais, chevalier, baron de Courseulle, seigneur de Chanzé

Nous n'avons pu savoir exactement quand les de Goulaines avaient succédé aux Aménard dans la seigneurie de Daon. Les Archives de Maine-et-Loire disent seulement que Renée Aménard, sans doute de la famille des seigneurs de Daon, épousa en 1505 Christophe de Goulaines dont les enfants avaient pour tuteur en 1534 leur oncle Mathurin de Montalais.

Quoi qu'il en soit Renée de Goulaines et Mathurin de Montalais eurent pour fils Robert de Montalais, seigneur de Chanzé et de Daon, en 1539. (1)

Les Le Clerc de Bréon succédèrent en 1667 aux Montalais. Nous avons dit, d'après le curé de Saint-Michel, que les de Sarcé possédèrent la seigneurie de Daon après les Le Clerc. Ceci est inexact puisque le dernier des Le Clerc de Bréon mourut en 1789 et que la Révolution qui survint abolit les titres féodaux. Du reste plusieurs membres de la famille de Sarcé nous ont écrit qu'aucun de leurs ancêtres ne fut seigneur de Daon. (2)

Guy Le Clerc, issu de la famille Le Clerc, des seigneurs de Daon, (3)

« et de Daon, à cause de Renée de Goulaines, son épouse, reconnais être homme
« de foy lige de très excellente, très puissante, très redoutée Princesse, la mère
« du Roi, duchesse d'Anjou et d'Angoulême, comtesse du Maine, au regard de
« son chastel d'Angers par raison de la chastellenie terre et seigneurie de Daon :
« parmi les lieux énumérés figurent les Grans Places contenant tant en maisons,
« courtis, yssues, cloaison et verger, etc. » Michel Trochon, écuyer, seigneur des
Places, époux de Renée Gilles, acheta à la fin du XVIe siècle les Grandes-Places
de M. de Montalais, seigneur de Daon.

(1) *Goulaines* (de). Les seigneurs de Goulaines sont célèbres dans les annales de l'histoire de France : la terre seigneuriale était Haute-Goulaines, commune de Vertou (Loire-Inférieure) : en 1160, Alphonse de Goulaines fut choisi comme arbitre entre le Roi de France Philippe Ier et le Roi d'Angleterre. Les seigneurs de Goulaines portaient depuis des armes mi-partie de France et mi-partie d'Angleterre, avec cette devise : « De celui-ci, de celui-là, j'accorde les couronnes ». Dès lors aussi l'écu de la maison de Goulaines était « *partie de gueules à trois léopards d'or d'azur à une fleur de lys et demie d'or* ». Les de Goulaines s'allièrent aux seigneurs de Machecoul. La terre de Goulaines fut érigée, en 1621, en marquisat, en faveur de Gabriel, seigneur de Goulaines, de Saint-Nazaire et de Faouët ; puis la seigneurie passa dans la famille des Rosmadec.

(2) M. le comte E. de Sarcé, du Mans, notamment, nous écrit que la terre de Bréon à Daon avait été donnée à son père M. Alexandre-Edouard de Sarcé, par Mme Prevost de Bonnezeaux, sa tante, qui était une demoiselle de Maury-Daisroult. C'est sans doute là ce qui aura induit en erreur M. l'abbé Foucher.

(3) V. *Histoire Ecclésiastique de Bretagne*. Dom Morice.

fut successivement abbé de la Roë en 1495, et évêque de Saint-Pol de Léon en Bretagne, en 1514. Il fut en outre aumônier d'Anne de Bretagne, et figurait en 1506 parmi les personnes composant sa maison. Il prenait les titres d'abbé de la Roë et d'abbé de Saint-Jacques de Montfort. Ce fut un des personnages les plus illustres de son époque.(1) Il figurait aux obsèques de la reine de Bretagne, accompagné des hauts dignitaires de l'Eglise de France, tels que le cardinal du Luxembourg, évêque du Mans, le cardinal de Bayeux, les évêques de Paris et de Limoges, les archevêques de Lyon et de Sens, l'abbé de Sainte-Geneviève de Paris, l'abbé de la Roë, etc. Il existe au chartrier de la Roë deux titres curieux : l'un constate la permission octroyée à l'abbé de la Roë et à tous autres par le doyen et chapitre de la chapelle du château de Chambéry, d'absoudre la reine Claude, fille de la reine Anne, de tous péchés, ceux-mêmes réservés au Pape. L'autre est la requête présentée par Anne et Claude de Bretagne au Pape, à l'effet d'obtenir de nombreuses immunités et indulgences, notamment des privilèges d'absolution pour tous péchés et cas réservés. Il existe encore une bulle de Jules II du 7 août 1508, contenant indulgences plénières à tous ceux qui adoreront la relique de la vraie croix envoyée par lui à la Reine. M. Marchegay dit que cette bulle fut trouvée parmi les titres de l'abbaye de la Roë, d'où il suppose que la reine en possession de la relique, l'aura confiée à Guy Le Clerc, son confesseur, abbé de la Roë, pour être déposée au monastère. (2) Guy Le Clerc nommé évêque de Saint-Pol de Léon en 1514, ne prit possession de son siège que le 15 mai 1520. Don Morice donne des détails pittoresques sur son entrée et son intronisation sur le siège épiscopal. (3) Il

---

(1) V. Les articles de M. Paul Bellenvre dans le *Maine et l'Anjou*, de M. Visme, et l'*Album de Château-Gontier et ses environs*, de T. Abraham. Le mariage de Charles VII et d'Anne de Bretagne fut célébré le 16 décembre 1491 au château de Langeais : le contrat en fut reçu à Tours par un notaire du nom de Guy Le Clerc : était-ce le futur abbé de la Roë, ou un de ses parents? On trouve encore comme simple clerc de chapelle dans l'état de maison de la Reine, un Guy Le Clerc qui était aussi sans doute un parent.

(2) Manuscrits de la Bibliothèque de Château-Gontier.

(3) Don Morice, *Revue de l'Histoire de Bretagne*, t. III, p. 450. On s'est demandé si Guy Le Clerc, dont les initiales sont répétées sur les placards du château de Saint-Ouen, avait bâti lui-même ce château, ou si la reine Anne le lui en avait fait hommage. La question reste indécise, toujours est-il que diverses pièces s'appellent : *chambre de la reine*, *bains de la reine*, noms qui semblent dictés plutôt par la libérale intention du fondateur que par la reine elle-même.

parle des marques de respect des nobles seigneurs ; l'un le conduit tenant sa mule par la bride, chapeau bas, l'autre le porte sur le trône, un troisième le sert à table, celui-ci surveille le rotis, goûte le vin, etc. Mais voilà que le repas terminé les gentilshommes font main basse sur les nappes, les serviettes, les barriques, la batterie de cuisine, la vaisselle d'or et d'argent, au grand étonnement de l'évêque. Guy Le Clerc ne fut pas longtemps évêque et retourna mourir au château de Saint-Ouen près Chemazé : son testament est du 23 avril 1523 et renferme une série de recommandations intéressantes. Ainsi Guy Le Clerc demande qu'on lui élève un sépulcre de 7 personnages : « c'est assavoir la représentacion de Nostre Seigneur, de Nostre Dame, Saint-Jehan, la Madeleine, Joseph, Nicodesme et un priant en forme d'évêque, le tout de pierre estoffée en blanc, seulement ». Il veut avoir une tombe « en cuypvre » sur le lieu de sa sépulture, « sur laquelle ayt un gisant en représentacion d'évesque », le tout enlevé de terre « à une estimacion de ung pied et demy ou deux piez, laquelle tombe soit élevée et postée sur quatre petits piliers de cuypvre faits le plus modestement qu'on pourra, et si mestier est, on le fera couvrir d'une grille de fer ». Il recommande aussi de payer le salaire des ouvriers employés aux bâtiments et logis de Saint-Ouen. Le monument a malheureusement été détruit par les Huguenots pendant les guerres de religion.

Etienne Jean de l'Espine (en latin, Spinæus ou Spina) naquit à Daon vers 1505. Il fut prieur des Augustins d'Angers en 1552. Il avait été désigné à cause de son talent pour prêcher les missions, et il était à Château-Gontier quand Jean Rabec y fut arrêté comme Huguenot.(1) Il essaya de le convertir dans sa prison, mais ce fut lui qui au contraire, paraît-il, se laissa corrompre par l'hérésie. Toutefois il n'osa faire profession de ses erreurs qu'après le Colloque de Poissy : c'est vers 1561 qu'il se déclara ouvertement protestant, avec Gilles Musnier et quelques autres religieux apostats de ce couvent. Il vendit et dissipa, dit Barthélemy Roger dans son *Histoire d'Anjou*, la bibliothèque du monastère qui était très-belle, quitta son habit de religion et se joignit aux Huguenots.(2) Une lettre de Bèze à Calvin, du 12 septembre 1561, lui annonce que Jean de l'Espine, a pris rang parmi leurs adeptes. Bruneau de Tartifume dit que le 12 novembre sui-

---

(1) V. le *Dictionnaire historique* de C. Port au mot Espine (l').
(2) *Histoire d'Anjou* de Barthélemy Roger, p. 243.

vant, il se présenta aux Halles d'Angers pour y prêcher la nouvelle doctrine. Il fut ensuite pasteur à Fontenay-le-Comte, à La Rochelle et à Provins, en 1564. On le trouve à Paris dès 1566, où il soutenait, en compagnie de Du Rosier, une longue controverse, dont il a lui-même rendu compte, avec les docteurs catholiques Vigor et Sainctes. Il était encore dans la capitale, lors de la Saint-Barthélemy, et il échappa sous la livrée d'un laquais; il gagna ainsi Montargis et se réfugia à Genève. Il rentra en France en juillet 1576, et fut élu pasteur huguenot de Saumur, puis d'Angers, jusqu'au 7 juillet 1785. Il se retira alors à Saint-Jean-d'Angely et adressa à ses adhérents une lettre publiée par les *Mémoires de la Ligue.* Il revint à Saumur en 1589 et mourut en 1597, après avoir persévéré dans son hérésie jusqu'à la fin. (1) Son portrait a été gravé par René Boivin, tourné à droite à mi-corps, *anno œtatis 48.* En haut la devise *mori et vivere domino* à laquelle il a été si tristement infidèle. Il a publié de nombreux ouvrages de controverse, considérés comme fort médiocres, imprimés à Lyon, Genève, Strasbourg, La Rochelle et Bâle, qui ont été condamnés par le pape Clément VIII.

L'histoire de Daon est celle de l'Anjou. Daon souffrit comme le reste de la province des épidémies, des hivers rigoureux, des pestes dont la plus fameuse fut celle de 1348, des famines, des inondations qui désolèrent le pays au moyen-âge. Les Anglais pendant la guerre de Cent-Ans durent y porter leurs ravages, notamment en 1368, lorsqu'ils occupèrent Château-Gontier, en 1427, 1433, 1441, lors des attaques de Saint-Laurent-des-Mortiers et de Saint-Denis-d'Anjou. (2) Au mois d'avril 1591, le contre-coup des guerres de religion se fit ressentir dans la contrée, et Daon fut occupé par les ligueurs, sous les ordres d'Urbain de Laval, seigneur du Bois-Dauphin, capitaine célèbre, au service du duc de Mercœur, mais peu après, le prince de Conti qui commandait Royaux, reconquit Daon.(3) Il est probable que Daon avait été pillé

(1) *Dictionnaire historique* de l'abbé X. de Feller, t. xii, p. 287, Lyon 1824. Lacroix du Maine : — Bruneau de Tartifume, Mss. 870, f⁰ˢ 46 et 1134. — Journal de Louvet, dans la *Revue* d'Angers 1854. t. i, p. 358. Claude de Ménard, Mss. 875, t. ii, f⁰ 75. — B. Hauréau, *Histoire littéraire,* t. iii, p. 56. — *Journal de l'Estoile.* — M. C. Port a donné, dans son *Dictionnaire historique de Maine-et-Loire,* au mot Espine (Jean de l'), la liste des ouvrages de ce personnage.

(2) Les *Invasions Anglaises en Anjou,* in-8°, par André Joubert.

(3) *Histoire d'Anjou,* par Barthélemy Roger, p. 152. *Histoire de l'église du*

par René de la Rouvraye, dit le diable de Boursault, fameux chef huguenot, qui se vantait de porter des oreilles de prêtre en bandoulière. Il fut décapité à Angers, 1572, et sa tête sanglante fut exposée au haut d'une pique, sur une des tours des Grands-Ponts de Château-Gontier. Barthélemy Roger, dit, dans son *Histoire d'Anjou*, que les guerres de religion ruinèrent, à la fin du xvie siècle, et désolèrent l'Anjou tout entier. Les loups étaient si nombreux aux alentours de Château-Gontier, en 1598, qu'ils dévoraient les enfants. La noblesse dut se former en troupes de cavaliers, et leur livrer bataille. Jean Louvet raconte qu'en 1616 le prince de Condé ravagea tout le pays autour de Château-Gontier, avec les huguenots révoltés. (1) Pendant la première moitié du xviie siècle, la guerre civile désola l'Anjou, et les épidémies y sont fréquentes.

Les prieurs-curés de Daon avaient soin de transcrire sur leurs registres ou sur des cahiers spéciaux, le récit sommaire des principaux événements intéressant l'histoire de la paroisse. Voici les mentions les plus curieuses que nous avons relevées sur ces documents et sur le manuscrit du curé de Saint-Michel.

Le 13 janvier 1613, M. Geoffroy Moreau, vicaire de Daon pendant 20 ans, puis curé de Saint-Martin-du-Bois, fonda la chapelle Moreau, en la paroisse de Daon. Le contrat fut passé par Me Pierre Neveu, notaire audit Saint-Martin-du-Bois. Le domaine qui dépendait de la chapelle Moreau était composé d'un logis avec cave, pressoir et jardin, le tout se joignant. (2) Cette fondation fut faite à la charge d'une messe basse dite tous les vendredis de la Passion, devant l'autel de Notre-Dame, en l'église de Daon. En 1614, on baptise à Daon un enfant de la paroisse de Menil, parce qu'on redoutait l'arrivée des troupes. Il existait à Daon, en 1618, une hôtellerie appelée le Lion-d'Or. (3) Pendant tout le xviie et le xviiie siècle, on enterrait dans l'église de Daon, les prêtres, prieurs et vicaires, les seigneurs de la contrée et les personnages de marque, appartenant aux familles nobles des pays environnants. En 1624, fut trouvée morte en un petit chemin allant de Daon à Bréon-Subert, au lieu nommé la Pescherie, une

Mans, par Dom Piolin, t. v, p. 584. Launay de Gennes, seigneur du fief vassal de Daon, se distingua parmi les chefs de l'armée des Ligueurs.

(1) Journal de Louvet. *Histoire de l'Église du Mans*, t. vi, p. 27.
(2) Registre de la paroisse de Daon, année 1613.
(3) Id. année 1618.

femme qui fut reconnue pour chrétienne parce qu'elle portait sur elle un chapelet. (1) Etienne Hamelin, cloutier de sa vocation, paroissien de Launay, qui faisait avec son fils un pieux pèlerinage au sanctuaire vénéré de Saint-Jacques, mourut à la métairie du prieuré de Daon, en 1626.(2) Messire Auguste de Thou, conseiller du roi, abbé de Notre-Dame de la Roë, fut parrain à Daon, en 1630, et la marraine était dame Suzanne Leroux, femme de Messire René de Rampe, chevalier, seigneur de Meignanne en Menil. (3) La cherté des vivres fut extrême en Anjou, en 1630, le blé se vendit jusqu'à quatre livres le boisseau. Le 20 avril 1632, fut baptisée à Daon, une fille exposée pendant la nuit, par une personne restée inconnue, à la porte de l'église, sans billet ni aucun signe qui fit connaître si elle avait été ou non baptisée. La peste causa de grands ravages dans la contrée pendant l'année 1631. Une femme de Menil, nommée Boucher, ayant perdu un de ses enfants et son mari, qui lui avaient été enlevés par la contagion, vint se réfugier avec ses autres enfants au village de la Martinière en Saint-Michel-de-Feins, dont le curé était alors Pierre Hériveau de la paroisse d'Argentré, près Laval. Comme Saint-Michel avait été décimé par le fléau en 1630, les habitants craignant de voir le mal reparaître envoyèrent le curé et les notables présenter une supplique au château de Bréon pour obtenir l'expulsion de la pauvre femme. Le lieutenant de la châtellenie de Bréon fit droit à leur demande et les autorisa à faire d'abord murer puis brûler la porte de la maison de Gautier où cette infortunée s'était réfugiée, si elle s'obstinait à ne pas sortir de sa retraite. Défense fut faite à qui que ce fut de lui donner asile sous peine de dix livres d'amende pour la première fois, et de punition exemplaire en cas de récidive. (4)

(1) Registre de la paroisse de Daon, année 1624.

(2) Id. année 1626.

(3) V. sur Meignanne ou Magnanne, fief du marquisat de Château-Gontier, duquel relevaient les fiefs de Bressault, de la Brosse et de Luigné, le *Dictionnaire topographique de la Mayenne*, p. 197. V. aussi les Archives de Maine-et-Loire et de la Mayenne, les registres des paroisses de Daon et de Menil, l'*Histoire d'Anjou* de Barthélemy Roger, où les seigneurs de Meignanne sont souvent cités ; les *Notes et Souvenirs* sur le département de la Mayenne, du curé de Saint-Michel, où sont racontés les exploits de René de la Rouvraye, capitaine de Bressaut, dit « le diable de Bressaut ». Voir aussi l'*Album de Château-Gontier et ses environs*, par T. Abraham.

(4) Archives de Saint-Michel-de-Feins.

Deux personnes de Château-Gontier se noyèrent, en 1637, à la Pescherie de Daon.

Le 25 avril 1638, on inhume dans l'église de Daon le corps d'un jeune homme nommé Saint-Arnoult, serviteur de M. le Commandeur de Thévalles, fait particulier, parce que jamais les gens de service n'étaient inhumés dans l'église réservée aux personnages de qualité. Thévalles, ville située dans la commune de Laval, était le siège d'une ancienne commanderie composée de trois membres, Thévalles, le Breil-aux-Francs et Chevillé, tous situés dans le ressort du grand prieuré d'Aquitaine. (1) La juridiction qui s'étendait sur quarante paroisses ressortissait à la barre à la baronnie épiscopale de Touvoie. (2) Le 20 mai 1640, mourut à Daon Jean Bertelot, ancien soldat, des suites d'un coup d'arquebuse reçu au siège de Turin. La ville, attaquée par sept mille français commandés par Harcourt, Turenne, du Plessis-Praslin, La Motte-Houdancourt, fut défendue par le prince Thomas, et six mille soldats que soutenaient au dehors les quinze mille hommes de troupes espagnoles, aux ordres de Leganez, du 9 mai au 14 septembre 1640, jour où elle se rendit. Une maladie contagieuse désola, en 1640, la paroisse de Daon : on inhuma plusieurs victimes du Cleray au village des Droulinières et dans le jardin du Pressoir. (3) Le 13 juillet 1649, on enterre à Daon Louis-Armand de Simiane de Gordes, abbé de la Roë. Un pauvre passant, marchand poissonnier du faubourg de Poitiers, qui vendait du poisson dans le pays, mourut en 1650 à la métairie du prieuré de Daon. (4) La même année succomba, au même lieu, où sans doute on hébergeait par charité les voyageurs, un passementier qui faisait le voyage de Saint-Main. On baptisa en 1652, en l'église de Daon, un enfant dont la mère accoucha à la Grande-Jallerie, en disant qu'elle cherchait son mari qui marchait à la suite des troupes qui l'avaient volé et ruiné. (5)

(1) Thévalles, ville commune de Laval.— Hospice de Thesvale 1237. (Archives du prieuré d'Aquitaine, n. 3). L'ouspital de Tesvale, XIII° siècle. (Ibid). Hospital de Tesvalle et de Breil auffrans, 1405. (Cab. de la Baulière.)

(2) Touvoie, juridiction, commune d'Argentré, relevant du comté de Laval en premier ressort, et de la sénéchaussée du Mans, en appel. Elle comprenait l'église et la ceinture de maison du cimetière. Elle fut annexée aux sièges de Hauterive et d'Argentré, au XVIII° siècle. *Dictionnaire topographique de la Mayenne*, p. 317.

(3) Registre de la paroisse de Daon, année 1640.

(4) Id. année 1650.

(5) Id. année 1652.

Au mois de mai 1666 se noya par accident, au moulin de Formusson, Nicolas Lemanceau, archer de la gabelle. Son inhumation se fit à la diligence de Jean Gillebert, seigneur de la Houssaye, capitaine commandant la brigade de Chambellay. (1) En 1662 neuf personnes s'étaient noyées au moulin de la Jaille.

On contrôlait à Daon les suppliques comme le prouve un acte de Menil de 1698.

Le 1er décembre 1728 mourut René Allaire, prêtre habitué à Daon, fils d'André Allaire, advocat au siège présidial de Château-Gontier. (2) En 1735 et 1746 il y avait à Daon une auberge qui portait le nom de *Saint-Pierre* et une autre celui de *Notre-Dame*. Le curé ajoute cette naïve mention : « On aurait bien fait de conserver cette pieuse dénomination ». Nicolas Magengehaud mourait en 1746, à l'âge de quatre-vingt-seize ans. Il était lieutenant de la ferme du Roi, au poste du Port-Joulain. (3) Sa fille se maria le 7 janvier 1747, à l'âge de cinquante-cinq ans, à Jacques-Louis Ligot, lieutenant de ferme du Roy, âgé de vingt-sept ans, dont par conséquent elle aurait pu aisément être la mère. Les registres ne disent pas si les habitants célébrèrent, comme c'était alors la coutume, par un charivari ce mariage bizarre. En 1747 une épizootie terrible ravagea Daon et le pays d'alentour. Le 27 décembre 1752 le sieur Cormier, commis de M. Cerisier, marchand, demeurant à Angers, rue Saint-Laud, vint poser dans l'église de Daon le tabernacle qui avait coûté, pris à Paris, la somme de trois cent soixante-dix livres. (4) Le port de Paris à Angers fut payé seize livres, le transport d'Angers à Daon et le paiement du commis montèrent à huit livres dix sols, total trois cent quatre-vingt-quatorze livres dix sols. Le sable pour la construction du pont Marchand de Châtelain en 1758, fut pris sur la ferme de Cens, à Daon. En 1766, un mendiant de passage mourut au four à ban de Daon. Le 3 mai 1771 M. Adenet, curé de Sœurdres, bénit trois cloches à Daon, (5) la grosse pesant 800 livres, et nommée Germaine-Louise, eut pour parrain M. de Laurens et pour marraine Mme de Bouccault de la Porte; la seconde, pesant 547

---

(1) Registre de la paroisse de Daon, année 1666.

(2) Id. année 1728.

(3) Id. année 1746.

(4) Id. année 1752.

(5) Id. année 1771.

livres, et nommée Jeanne, eut pour parrain M.Trochon de Beaumont, ancien président au présidial de Château-Gontier, et pour marraine Mme Lehesnault de Bouillé, la troisième pesant 524 livres, et nommée Anne, eut pour parrain Trochon de Beaumont fils, et pour marraine Mlle de la Crépinière, épouse de M. de Vassé. Le 23 novembre 1774 l'encensoir d'argent, coûtant vingt-sept livres, fut donné par M. Le Royer, procureur. (1) Le 12 février 1775, M. Coutard, procureur, époux de Mlle Bruneau, donna le soleil ou ostensoir qui coûtait trois cent soixante-douze livres. (2) Le 3 mai 1775 mourut à Daon un jeune homme condamné aux galères comme faux saunier. Le 28 avril 1778 on commença à construire la chapelle du côté de l'autel Sainte-Anne, dite chapelle Neuve, finie le 24 mai suivant, ainsi que les deux arcades. (3) En 1792 furent inhumés dans le cimetière de Daon plusieurs habitants de Saint-Michel parce qu'alors il n'y avait pas de prêtre à Saint-Michel. M.Chauveau, le curé de Saint-Michel, avait suivi l'armée vendéenne.

Les chapelles de l'église de Daon portent sur les registres les noms de Saint-Pierre, Sainte-Anne, Saint-Sébastien, Notre-Dame, Sainte-Claire, successivement.

Les Montalais étaient encore seigneurs de Daon au xviie siècle. En 1667, Louis Le Clerc, secrétaire de l'assemblée de la noblesse de Daon, acquit la terre de Bréon-Subert et seigneurie de Daon, des héritiers de Pierre de Montalais, seigneur de Chambellay et de Daon, son beau-frère.(4) Ces héritiers, neveux de Louis Le Clerc étaient trois filles, une religieuse à la Visitation d'Angers, la seconde mariée à Jean sire du Bueil, seigneur de Marans, la troisième, Anne, fille d'honneur de la Reine. C'est vers 1635 que commence ce rameau des Le Clerc de Bréon qui étaient une branche cadette des Le Clerc de Sautré, barons de Sautré, seigneurs de Feneu, des Rizaies, de Noyan, de La Roche-Joulain et des Aulnaies. Cette branche de Sautré était elle-même une branche cadette des Le Clerc des Roches en Morannes : elle commence en 1594 et s'éteint en la personne de René Le Clerc, baron de Sautré, enterré dans l'église de Feneu en octobre

---

(1) Registre de la paroisse de Daon, année 1774.
(2) Id. année 1775. Un autre a été donné depuis à l'église vers le milieu de ce siècle.
(3) Id. année 1778.
(4) Extraits des archives de la famille des Le Clerc de Juigné-sur-Sarthe, communiqués par M. le marquis de Juigné.

1741. Les Le Clerc des Roches de Morannes étaient aussi une branche cadette des Le Clerc de Juigné-sur-Sarthe; leur auteur est Perrot ou Pierre Le Clerc, second fils de Colas Le Clerc, seigneur de Juigné, né en 1336. C'est donc depuis 1350 environ que les Le Clerc des Roches, puis de Sautré, puis des Aulnaies et de Bréon, se sont séparés des Le Clerc de Juigné dont les descendants habitent encore à Juigné-sur-Sarthe. C'est de Jean de Lesillé, fondateur de l'hospice de Sablé en 1328, qu'est issue la famille Le Clerc de Juigné. Gervais Poussin, seigneur de Juigné-sur-Sarthe, épousa Macée dame de Souligné, fille de Jean de Neuvilette et de la sœur du vicomte de Beaumont. Il eut de ce mariage Pierre Poussin et deux filles, dont l'une, Tiéphane, épousa Nicolas Lesillé ; la cadette se maria à Roland Le Clerc qui vivait au temps de Philippe le Bel. Nicolas Lesillé eut de Thiéphane Poussin Jean Lesillé, mari de Catherine La Gallière dont il n'eut pas d'enfant : c'est lui qui fonda l'hospice de Sablé. Colas Le Clerc, son cousin, lui succéda dans les terres de Juigné-Coulaines et de la Motte d'Arthezé. (1)

Les armes des Le Clerc de Juigné, de Daon, etc., étaient : *d'argent à la croix engrelée de gueules, cantonnée de 4 aigles de sable, becquées et membrées de gueules :* la devise était : « Ad alta, altior procellis ». Le cri de guerre était : « *Battons, Abattons* ». Les émaux furent souvent changés. La famille eut aussi pour brisures soit des *crousilles* au lieu *d'aigles*, soit *une molette d'éperons d'or au cœur de la croix*, soit *un lys sur le haut de la croix*, soit encore *un tourteau de sable en chef.*(2)

Voici ce que les Registres de la paroisse de Daon et les Archives de Maine-et-Loire nous apprennent, au sujet de la famille des Le Clerc de Bréon pendant le xvii⁰ et le xviii⁰ siècle. Le 25 mars 1669, on inhume à Daon, dans l'église, J. Le Clerc de Bréon, écuyer, fils de Louis Le Clerc, seigneur des Aulnaies et de Bréon-Subert ; (3) le 8 octobre 1669, un membre de la famille Le Clerc de Bréon est baptisé à Daon ; le 16 juin 1670 est inhumé, dans l'église de Daon, Messire Louis Le Clerc de Bréon, chevalier, seigneur de Daon, de Bréon-

---

(1) Remarques et preuves de l'*Histoire de Sablé* par Gilles Ménage, p. 393. — V. aussi au mot Juigné, dans le *Dictionnaire de la Sarthe*, par J.-B. Pesche. — *Inventaire analytique des Archives de l'Hospice de Sablé*, par M. Chevrier. Sablé, 1877.

(2) Note communiquée par M. Denais, auteur de l'*Armorial général de l'Anjou*.

(3) Registre de la paroisse de Daon, année 1669.

Subert et des Aulnaies ; le 9 août 1694, un mariage est célébré par Messire Louis-Armand de Bois-Sorhoëte, prêtre, prieur de Bréon, dans la chapelle prioriale du château de Bréon, avec permission de Monseigneur l'évêque d'Angers Michel Lepelletier. (1) A un baptême administré le 7 mars 1704, Messire Esmery Le Clerc, chevalier, seigneur de Bréon et Daon, est présent. Le 10 avril 1709, on inhume à Daon un enfant de la famille Le Clerc. Le 8 septembre 1710 est baptisée une fille de Messire Esmery Le Clerc, seigneur de Daon, et de dame Arthaud, son épouse : le parrain était Messire Pierre Le Clerc, abbé des Aulnaies. (2) D'autres enfants d'Esmery Le Clerc et de dame Arthaud sont baptisés ou ondoyés : le 14 janvier 1712, c'est Lucie Le Clerc, qui eut pour parrain Jacques de Girard, seigneur de Gastines, du Bois et du Lion-d'Angers, et pour marraine, Lucie Le Clerc, dame de Sautré, veuve de François de Gordes, chevalier, seigneur de Varennes, et gouverneur de la place de Landrecies : le 8 septembre 1713, c'est Géneviève-Mélanie Le Clerc ; le 6 février 1714 a lieu un autre baptême dans la famille Le Clerc. Le 9 mars 1715 est inhumé dans l'église de Daon, Messire Esmery Le Clerc, chevalier, seigneur de Daon et de Bréon-Subert, mort à Angers, en la paroisse de Saint-Maurille. (3) En 1721 et 1747, on célèbre avec la permission épiscopale, des mariages dans la chapelle du château de Bréon-Subert. Le rameau des Le Clerc de Bréon, commencé vers 1635, s'éteint en 1789, à la veille de la Révolution, par la mort sans postérité de Auguste-Pierre-Louis Le Clerc de Bréon, grand sénéchal d'épée d'Anjou, né le 16 février 1714 dans la paroisse de Daon. (4) Ce fut le dernier des seigneurs de Daon.

Parmi les anciens fiefs, châteaux, logis, cités soit dans les archives,

---

(1) V. à l'introduction du *Dictionnaire Historique* de C. Port, la liste des évêques d'Angers. V. sur la famille de Sorhoëte les archives de Maine-et-Loire, série E, titres de famille, E. 3972.

(2) Registre de la paroisse de Daon, année 1710.

(3) Archives de Maine-et-Loire, G, G. 107-131. Supplément à la série E. Arrondissement de la ville d'Angers, p. 192.

(4) Note communiquée par M. le marquis de Juigné, et extraite des archives de la famille de Juigné: V. Bodin, *Recherches Historiques* sur l'Anjou et ses monuments, t. II, p. 579. Liste des sénéchaux d'Anjou. Les habitants de Daon devaient au seigneur de Bréon-Subert de nombreuses corvées féodales, parmi lesquelles figure l'obligation de garder les prisonniers de la prison seigneuriale. En retour, le seigneur leur accordait un droit de paccage dans les prairies qui bordent la rivière et constituent aujourd'hui *les communs de Daon*. (Archives de la commune de Daon.)

soit sur les registres de la paroisse, soit dans les anciens titres féodaux, on remarque *Beaumont* dans le bourg de Daon. (1) La *Suhardière*, (2) le *Bourg-Coquin* que le *Dictionnaire Géographique* de la Mayenne cite parmi les lieux habités de Daon, et qui fut détruit vers 1660 par Gigon, propriétaire de *Château-Gaillard* en Saint-Michel-de-Feins, sauf une maison rasée depuis quelques années. Ce village qui était très-ancien était situé dans le champ de la *Croix-Gigon*, sur les confins des paroisses de Daon et d'Argenton, et était appelé sur les anciens titres féodaux la *Haie-Coquin*, sans doute du nom de son premier propriétaire. *Coquin* a signifié dans, le vieux langage, cuisinier, puis chercheur de franches lippées, et définitivement fripon, sans qu'on sache pourquoi le sens de ce mot a été détourné de ses origines primitives. Le *Bourg-Coquin* était compris dans le fief curial du curé de Saint-Michel. La *Poussemelière*, citée dans un titre de 1446. (3) Pierre Le Clerc, seigneur des Roches, de la Braudière et de Vallaubrun, près Domfront-en-Champagne, lieutenant du château de Sablé, mort en 1487, épousa en premières noces, Marguerite Lebelle, dame de la *Poussemelière,* en la paroisse de Daon : elle fut mère d'une dame de la Jaille et d'une dame de la Lorie. Le *Logis de Villeneuve* près de la rivière. (4) *Cens,* (5) ancienne seigneurie de la *Motte-Cormerant*, avec un château entouré de douves et qui fut sans doute ruiné par les guerres anglaises, au xiv° ou au xv° siècle.(6) La *Noërie*, mentionnée en 1735 (7) sur les registres de la paroisse. *Battereau*, appelé en 1564 la *Chaussée-Batthereau,* dans les archives de l'abbaye de la Roë. (8) La *Coquère* ou la *Quocuère*, selon les archives de la Roë, en 1527. (9) Les

(1) *Beaumont*, ferme, commune de Daon, aujourd'hui supprimée. *Dictionnaire topographique* de la Mayenne, p. 19, et registres de la paroisse de Daon,
(2) La *Suhardière*, logis et ferme, commune de Daon. *Dictionnaire topographique* de la Mayenne, p. 305.
(3) La *Poussemelière*. *Recherches Historiques* sur la commune de Saint-Michel, par M. l'abbé Foucher.
(4) *Villeneuve. Dictionnaire topographique* de la Mayenne, p. 334.
(5) *Cens. Dictionnaire topographique* de la Mayenne, p. 302.
(6) *Recherches historiques* sur la commune de Saint-Michel, par M. l'abbé Foucher, d'après les archives de la Roë.
(7) La *Noërie. Dictionnaire topographique* de la Mayenne, p. 235, et registres de la paroisse de Daon, année 1735.
(8) *Battereau,* ferme, commune de Daon : la *Chaussée-Batthereau,* (1564, abbaye de la Roë, H. 184, f° 63.)
(9) La *Coquère,* ferme et hameau commune de Daon. — La *Quocuère.* (1527, abbaye de la Roë, H. 184.) Remarquons aussi que la closerie de la *Bretonnière* de Daon composait en 1782 le temporel de la chapelle de Saint-Chistophe-de-Brez, dépendant du bénéfice du château de Magnanne. *(Archives de la cure de Menil.)*

Droulinières, hameau du château de la *Droulinière*, aujourd'hui détruit. (1) Le *Moulin de Coupesac*, démoli au xviiie siècle, sur la chaussée duquel est bâti le pont de Daon. (2) Les *Vallées de Daon* ou les *Vallées Fourmont*, dépendant de la terre des Vaux, en 1577. (3) *Daniau* ou *Danneau*, aujourd'hui de la commune de Menil, cité à la date de 1600 dans les archives de l'abbaye de la Roë. (4) La *Gourdinière* de Saint-Laurent-des-Mortiers était un fief vassal de la châtellenie de Daon. (5) On trouve aussi dans les archives de la Roë, à la date de 1564, la *Rehoraie* de Daon ou la *Lehoraye*. (6) Le ruisseau des Leux, affluent de la Mayenne, ainsi que les ruisseaux des Vallées et de Torcé, arrosent la commune.

Deux personnages, célèbres pendant la Révolution, sont nés à Daon à la fin du xviiie siècle. « Le premier novembre mil sept cent soixante-deux, selon le registre de la paroisse de Daon, Jaunay, vicaire de Daon, baptisa Etienne-Alexandre-Jean-Baptiste Bernier, né la veille le 31 octobre, fils d'Etienne Branchu dit Bernier, présent, sacristain, tisserand de son état, et de Marie Delauriers, son épouse. » (7) Le même vicaire baptisait le quinze mai mil sept cent soixante-huit, Joseph-Juste Coquereau, né ce jour, fils de Louis Coquereau, marchand, et de Charlotte Marion, son épouse. (8) C'est donc à tort que la plupart des historiens ont donné à Coquereau le nom de Jean, et que plusieurs ont dit que Bernier était né le 31 décembre 1764.

Bernier fut élevé par l'abbé Jaunay, devenu de vicaire, prieur-curé de Daon. Il était vicaire depuis 1749 et fut nommé en 1771 prieur-curé. Le futur inspirateur de l'insurrection vendéenne, passa ensuite par le séminaire d'Angers. A la fin d'un acte de baptême du 23 novembre 1784, Bernier signe « sous diacre ». Le 20 novembre 1785 fut inhumé dans l'église de Daon le corps de Messire Jean Jaunay, prieur-

(1) *Droulinière*, château et ferme, commune de Daon. *Dictionnaire topographique* de la Mayenne, p. 114.
(2) *Coupesac*, moulin, commune de Daon, détruit au xviiie siècle. *In Molendino de Copesago*. (Abbaye de la Roë, n. 183, f° 105.) *Copesac*, (e. 1250. (Ibid.) f° 106.)
(3) Les *Vallées*. (Archives de l'abbaye de la Roë, année 1577, n. 180.)
(4) *Daniau*. (Archives de l'abbaye de la Roë, année 1600, n. 184) est qualifié de fief en 1761. (*Archives de Menil*.)
(5) La *Gourdinière*, de Saint-Laurent-des-Mortiers, arrière fief du duché d'Anjou, vassal de la châtellenie de Daon, s'étendant sur Bierné, Daon, Saurdres, et Saint-Laurent. *Dictionnaire topographique* de la Mayenne, p. 151.
(6) La *Rehoraie*. (Archives de l'abbaye de La Roë, n. 184, f° 67.)
(7) Registre de la paroisse de Daon année 1762.
(8) Id. année 1768.

curé âgé de soixante ans, qui eut pour successeur Martinet, dont nous parlerons plus loin. Le 29 décembre 1786, un enfant fut baptisé dans l'église de Daon par Bernier, prêtre. (1) Il était alors comme le prouve le texte de l'acte rédigé par lui, prieur de licence et professeur de l'Université d'Angers. Il fit encore un autre baptême à Daon, le 13 avril 1787. (2) C'était un esprit ouvert à toutes les connaissances, car à vingt et un ans il était docteur en théologie, professeur au séminaire et à l'Université d'Angers, comme nous venons de le dire. Il donnait ainsi des preuves nombreuses de son aptitude exceptionnelle pour l'étude des lettres et des sciences. Attaché comme vicaire à la cure de Saint-Michel-la-Palud d'Angers, en 1787, il échangea ce titre contre la cure de Saint-Germain en Saint-Laud à laquelle le Chapitre le présenta le 26 février 1790.

Bernier refusa le serment exigé par la Convention, et un arrêté du 30 mars 1791 interdit son cours de théologie. Il prit une part active au soulèvement de la Vendée. Nommé du Conseil supérieur après la prise de Fontenay il rédigea, avec Desessarts, le programme de la Contre-Révolution, et composa, dit-on, le *Réveil des Vendéens*, parole et musique. Il était, selon ses biographes, de haute taille (5 pieds 2 pouces), et quoique sa figure n'eut rien d'attrayant, il en imposait au soldat par sa voix forte, son éloquence entraînante, quoique un peu déclamatoire, et il les séduisait par son air cavalier. Il acquit ainsi un ascendant universel sur l'armée catholique, et ses avis étaient toujours écoutés avec faveur dans les conseils de guerre. Il ne tarda pas à supplanter l'Evêque d'Agra, dans la faveur des Vendéens. Il était brave et n'hésitait pas à se mêler aux combattants, comme il le fit à la bataille de Vihiers, le 18 juillet 1793, où il dirigea seul le mouvement des troupes, car d'Elbée et Bonchamps étaient blessés, et Laroche-Jaquelin ainsi que Lescure étaient absents. Cependant après la défaite de Granville, il fut accusé d'avoir voulu quitter l'armée et passer en Angleterre. Après la déroute de Savenay, il se cacha en Bretagne, puis il se rendit en Poitou, et mal accueilli par Charette, il alla trouver Stofflet. On leur attribue presque unanimement, l'exécution militaire de Marigny, le 10 juillet 1794. (3) Dès lors il devient

(1) Registre de la paroisse de Daon, années 1786-1787.
(2) Registre capitulaire de Saint-Laud d'Angers, f° 141. Arch. de Maine-et-Loire. *Journal du département de Maine-et-Loire*, 1791. V. *Dictionnaire historique* de C. Port au mot *Bernier*.
(3) *Stofflet et la Vendée*, par Edmond Stofflet, Paris, 1875, p. 250, 255, chap. VII.

le vrai chef des Vendéens, et entretient une correspondance suivie avec les princes émigrés, réorganise les paroisses, ordonne les rassemblements et dirige les opérations. Il négocie au nom des Vendéens une première paix avec les républicains. Lorsque Charette reprend les armes, Stofflet observe la trêve sur les conseils de Bernier, et a même une conférence avec le général Hoche, qui propose de l'employer avec le curé de Saint-Laud, à pacifier le pays : les hostilités éclatent de nouveau, après quelques semaines de répit. Stofflet est surpris et arrêté le 25 février 1796, dans une métairie écartée, où Bernier lui avait donné rendez-vous : la clameur publique accusa Bernier de trahison envers son ancien ami. Il nomma de son autorité privée d'Autichamp successeur de Stofflet, et se fit désigner par plus de 700 paroisses au titre de commissaire civil général auprès du conseil supérieur des armées royales en résidence à Londres. Enfin il se lassa de cette longue résistance et après avoir demandé à Hoche pour passer en Suisse un passeport, dont il ne profita pas, il finit par traiter avec Bonaparte pour aider à la soumission de la Vendée. Nommé évêque d'Orléans en 1802, il mourut à Paris, en 1806, et ses obsèques furent célébrées à Saint-Germain-des-Prés. La vie et les œuvres de Bernier ont été l'objet de jugements sévères. Les républicains l'ont accusé de duplicité, et l'ont traité d'intrigant sans foi. Les royalistes, tout en reconnaissant « son orgueil, sa soif de pouvoir, sa présomptueuse irritabilité », et en se plaignant de son esprit de domination mêlé de ruse et d'hypocrisie, ajoutent qu'il serait injuste de le transformer en une sorte de Torquemada Vendéen ; « qu'on ne doit pas oublier qu'il s'efforça d'adoucir les ordres parfois rigoureux du Premier Consul, et qu'il usa d'une sage énergie pour engager le gouvernement à ne pas sévir contre les schismatiques que le Concordat enfantait ». (1)

Joseph Coquereau, né à Daon en 1768, d'une famille de commerçants, dont les ancêtres sont souvent cités sur le registre de la paroisse de Daon de 1594 à 1768, s'enrôla dans un régiment qui tenait garnison en Corse. Pendant deux ans il fit la guerre de partisans contre

---

(1) V. Crétineau-Joly, la Vendée militaire, t. II, p. 491, 492. Mémoires de M. de Sapinaud. Mémoires de Madame de la Rochejaquelin, les Mémoires sur la Révolution et la Vendée. Bernier, en sa qualité d'évêque, portait « d'azur aux lettres initiales E. B. d'argent entrelacées. » — Armorial de l'Anjou de J. Denais.

les bandits réfugiés dans les maquis, préludant ainsi aux combats futurs de la Chouannerie, dont il devait être un des héros légendaires. Rentré dans son pays, en 1791, il se maria, à Marigné, paroisse du district de Châteauneuf, qui allait devenir dès les premiers soulèvements, le centre de la Chouannerie militante à laquelle ce bourg a fourni plusieurs chefs renommés. Il n'avait nulle intention de prendre parti pour la cause royale au début : mais comme il n'avait pas voulu se marier devant un prêtre assermenté, les Républicains lui en faisaient un crime. Bientôt il s'irrita de ces persécutions ; le 26 juin 1793, à la nouvelle de la prise d'Angers par la grande armée Vendéenne, il se mit à la tête de cinquante jeunes gens, mais il arriva trop tard ; l'armée royaliste, qui avait évacué Angers, était campée à Saint-Lambert où Coquereau et sa bande la rejoignit. (1) Il fut nommé peu après capitaine par M. de Bonchamps. Malheureusement des infortunes, des déceptions, des chagrins, surtout de funestes habitudes d'ivrognerie, aigrirent son caractère naturellement violent. Aussi ses excentricités et ses excès l'obligèrent-ils à quitter les rangs des troupes Vendéennes. Il avait, pendant les mois d'octobre et de novembre, figuré aux combats de Château-Gontier, de Laval, de Granville. Il regagna ses foyers après le désastre de Savenay le 16 décembre. Revenu dans la paroisse de Daon, il résolut de commencer contre les Bleus une guerre d'embuscade, et de leur donner la chasse. Les compagnons qui formèrent le noyau de sa bande étaient choisis parmi les gars les plus hardis et les plus courageux. C'étaient les trois frères Logerais ; l'aîné François surnommé *Pimousse*, (2) le second *Chasse-Bleus*, et le troisième *Petit-Chouan*, ainsi que Pierre Joly, dit *Petit-Prince*, batelier sur la Mayenne.(3) Il eut plus tard pour aide Benjamin Hossard, surnommé l'*Ami du Roi*. Quant à son frère

---

(1) V. le registre inédit du curé Foucher de Saint-Michel-de-Feins, que nous avons cité déjà, et qui est déposé aux Archives de la cure d'Argenton ; il est intitulé *Notes sur les guerres civiles aux environs de Château-Gontier*, et consacré à la vie des frères Coquereau : nous lui avons fait de nombreux emprunts ; il contient trente et une pages de grand format, d'une admirable écriture.

(2) M. Lepelletier de la Sarthe dit, au t. II, p. 110, de l'*Histoire complète de la Province du Maine*, que Pimousse avait défendu dans sa compagnie, sous peine de mort, de prendre en vain le nom de Dieu, de s'enivrer, de maltraiter les femmes, les enfants, les vieillards.

(3) Joly, défiguré au combat des Quatre-Chemins, vivait encore à Daon en 1827. V. Lepelletier de la Sarthe, t. II, p. 406 à 410.

Louis Coquereau, né à Marigné et mort à Daon presque centenaire, il était sous les drapeaux et ne fut mis à la tête des Chouans, comme capitaine dans la compagnie de Gaullier de Morannes, dit *Grand-Pierre,* qu'après la mort de Joseph Coquereau. Le fils de Louis Coquereau, nommé également Louis, fut vicaire à Bouère et à Bouchamps. Il est mort en 1854.

Coquereau n'avait, au début de l'année 1794, époque à laquelle il commença la série de ses exploits, que quatre amis décidés à le suivre. C'est avec cette poignée d'hommes, au nombre desquels était Pimousse, qu'il entreprit de faire la guerre aux Bleus. (1) Nous suivrons textuellement le récit du curé de Saint-Michel, emprunté aux confidences des Chouans, et qui ne concorde pas toujours avec les assertions des historiens. Le lecteur trouvera aux notes les mentions des registres des paroisses, ainsi que les indications des auteurs. Nos cinq Chouans commencèrent par abattre, la nuit, les arbres de la liberté dans neuf ou dix bourgs voisins. Le bruit de leurs audacieuses expéditions répandait la terreur parmi les Bleus qui croyaient toujours avoir affaire à des forces beaucoup plus nombreuses. On sonnait le tocsin et on appelait les gardes nationales aux armes, comme s'il se fut agi de disperser une véritable armée. Des rondes et des perquisitions étaient organisées partout. Coquereau résolut d'expulser le poste des Bleus installé dans le moulin du Port-Joulain auprès de Daon,

(1) Les registres des paroisses voisines de Daon, que nous avons compulsés, ainsi que le *Dictionnaire historique* de Maine-et-Loire, nous serviront à compléter le récit du curé de Saint-Michel. Les Archives communales mentionnent les décès occasionnés par les guerres civiles et y ajoutent parfois quelques remarques sur les événements politiques du moment. Nous voyons que les postes des Bleus étaient nombreux et que les églises leur servaient souvent de corps de garde. On avait envoyé à Daon le troisième bataillon des Ardennes, commandé par le capitaine Pierre-Antoine Dubois, qui était chargé de la défense des paroisses environnantes et faisait dans les bourgs voisins de fréquentes visites. Les registres constatent à diverses reprises, que les troubles obligent les officiers publics à de fréquentes absences et à suspendre l'exercice de leurs fonctions. Le nom de Coquereau ne figure qu'une fois sur le registre de Daon, à propos d'une attaque au village de la Tremblaie.

Dès l'année 1793, les Chouans parcouraient le pays de Marigné, et le 29 juin leur présence est signalée : (*Archives comm. de Marigné*) le 27 du même mois, deux jours auparavant, à huit heures du soir, ils avaient envahi Sœurdres. Le maire, J. Bourbon, en fut quitte pour la perte de son cheval. (*Archives comm. de Sœurdres.*) Le 16 et le 19 octobre les troubles suspendent le tirage au sort à Chanteussé. Le 8 décembre, on annonce l'approche des Chouans. (*Archives comm. de Chanteussé.*)

aujourd'hui de la commune de Marigné (Maine-et-Loire), sur le bord de la rivière. Un soir, au printemps de l'année 1794, suivi de ses compagnons, il s'élance à l'improviste en criant : « Cent hommes à droite, cent hommes à gauche, en avant le centre ». Les républicains, s'imaginant être assaillis par une troupe considérable, sont pris d'une terreur subite et s'enfuient précipitamment à Daon en abandonnant le moulin. (1) Une battue générale est ordonnée dans les environs de Daon et de Marigné, par les districts de Châteauneuf et de Château-Gontier. Coquereau suivi des siens se retire dans un hallier impénétrable, près du château des Vallées, de Marigné (Maine-et-Loire). (2) Les patrouilles républicaines passent auprès des fugitifs

(1) Un poste républicain avait été établi dès le commencement des troubles, dans le moulin du Port-Joulain de Marigné. Nous venons de voir que d'après le récit du curé de Saint-Michel, qui n'assigne pas de date à cet exploit, Coquereau s'empara, au printemps de 1794, de ce poste avec cinq hommes. On lit dans le *Dictionnaire historique* de M. C. Port, que la troupe de Coquereau assaillit le moulin du Port-Joulain en mai 1794, mais que le poste la força à la retraite : ce serait donc une deuxième attaque qui ne peut être confondue avec l'autre, puisque la première fut couronnée de succès, et la seconde infructueuse. Le registre de l'état-civil de Marigné, constate à la date du 25 prairial, an II, que les Chouans ont attaqué le poste du Port-Joulain, et tué un des hommes de la garde nationale de Champigné, qui y était campée. Une nouvelle entreprise des Chouans, le 25 floréal, an III, contre ce poste, réussit.

(2) Les Vallées, château et ferme, commune de Marigné : ancien fief et maison noble dès 1393, avec une chapelle seigneuriale. Le lieu seigneurial des Grandes-Vallées, 1628. La maison seigneuriale des Vallées, 1677. *(Dictionnaire Historique* de C. Port).
Nouvelle alerte à Chanteussé, en février 1794, quand on apprend que les Chouans ont coupé l'arbre de la liberté à Chenillé-Changé : la garde nationale de Chanteussé est convoquée et on envoie prévenir le chef de la légion, à Thorigné. *(Archives comm. de Chanteussé.)* Peu après, le 6 ventôse, an II, l'arbre de la liberté de Marigné est aussi renversé par les Chouans. *(Archives comm. de Marigné.)* Le 17 mars 1794, on signale une troupe de Chouans aux environs de Chanteussé, *(Archives comm. de Chanteussé)*; le 3 floréal, an II, le registre de Daon, en constatant les décès des victimes de la guerre civile, mentionne la présence des Chouans dans le pays, *(Archives comm. de Daon)*, ainsi que le 11 Messidor suivant. On voit que le 14 messidor, an II, soixante Chouans armés de fusils, sous les ordres de Joseph Coquereau et de Louis Motet, sont entrés à six heures du soir à Marigné, par la Grande-Fontaine, au bas du bourg, et ont tué deux habitants. Le lendemain, 15 messidor, les Chouans infligent une cruelle défaite aux Bleus, à Vassé, près de Marigné, qui entraîna l'abandon de tous les postes des rives de la Mayenne. Le curé de Marigné, Marais, avait été déporté en Espagne, dès le mois de septembre 1792. Le registre de la commune constate que pendant les années 1793, 1794, 1795, 1796, l'officier public était sans cesse entravé dans l'exercice de ses fonctions, et que les papiers publics avaient à plusieurs reprises été lacérés par les Chouans. *(Archives de la mairie de Marigné, registres de 1793 à 1797.*

sans découvrir le lieu de leur retraite. Enfin, quand Coquereau les croit à portée de fusil, il se lève soudain et fait le même commandement qu'au Port-Joulain : une décharge des Chouans suffit à disperser les Bleus effrayés de cette brusque agression. Les Chouans vont vers Saint-Michel, et gagnent le Petit-Marigné, où ils veulent se cacher. Mais le fermier, après les avoir bien accueillis, avait couru prévenir la garde nationale de Sœurdres.

Vers ce temps, les Chouans tuent plusieurs personnes à Ménil, entre autres un fermier accusé d'avoir conduit les Bleus au château de Magnanne. *(Archives de la cure de Ménil.)*
Le 6 thermidor, an II, le registre de Daon indique la présence des Chouans dans la contrée par l'inscription des décès des personnes tuées. *(Archives comm. de Daon.)* Le 8 thermidor, an II, les Chouans envahissent le bourg de Sœurdres, et massacrent le président du comité de surveillance, Mauclerc, âgé de 70 ans. *(Archives comm. de Sœurdres).* Le 14 thermidor, an II, nous retrouvons mention des troubles, sur le registre de Daon. *(Archives comm. de Daon.)* Le 17 thermidor, an II, Pierre Chauveau, curé assermenté de Chanteussé, âgé de 50 ans, natif de Denée, qui signe officier public sur le registre de Chanteussé, est égorgé par les Chouans à dix heures du soir, sur les marches de l'escalier du cimetière qui était alors devant l'église. *(Archives comm. de Chanteussé.)* Le curé Delaage avait refusé le serment et avait péri dans les horribles noyades de Carrier, en décembre 1793. Le vicaire Jean Davy, avait été transporté en Espagne, en septembre 1792. Le 24 thermidor, an II, les Chouans tuent l'agent de Brissarthe, et deux patriotes de Châteauneuf. Le 2 fructidor, an II, *Monsieur Jacques* surprend à Champigné, un poste républicain et incendie l'église. *(Archives comm. de Champigné.)* Le 4 fructidor, an II, un cantonnement républicain installé dans le cimetière retranché de Sœurdres, est assailli par 150 Chouans qu'il repousse, mais le chef des Bleus est tué. *(Archives comm. de Sœurdres.)* Dans la nuit du 8 au 9 fructidor, an II, ce poste sort pour fouiller le pays, et en rentrant, trouve l'église qui servait de corps de garde incendiée par les Chouans. *(Archives comm. de Sœurdres.)* Le 9 fructidor, an II, l'arbre de la liberté à Sceaux, est détruit. *(Archives comm. de Sceaux.)* Le 13 et le 21 fructidor, le registre de Daon relate des morts occasionnées par la guerre civile. *(Archives comm. de Daon.)* A la fin d'août 1794, *Monsieur Jacques* et Coquereau attaquent, à Cherré, les Bleus retranchés dans l'église et dans les maisons crénelées. Ils incendient l'église : les Bleus se rendent et sont massacrés sauf un seul qui court à Châteauneuf donner l'alarme et un détachement survenant massacre les Chouans en pleine ivresse. *(Archives comm. de Cherré.)* Le château de Marthou près Cherré, occupé par 150 Chouans le 1er fructidor an II, servait souvent de retraite aux Chouans. Le 29 fructidor, un détachement du bataillon des Ardennes, cantonné à Daon, assaille les Chouans à Marigné et leur tue quarante hommes. *(Archives comm. de Marigné.)* Paulouin, la *Chouannerie*, t. II, p. 221 et 227). Le 19 fructidor, cent cinquante Chouans avaient de leur côté surpris une colonne de Bleus du bataillon des Ardennes à Querré et avaient incendié l'église; mais un renfort était arrivé aux Bleus et les Chouans avaient été repoussés en perdant quarante hommes. *(Archives comm. de Querré.)* Le 7 janvier 1795, les Chouans

Coquereau, qui se défiait, emmène ses hommes à Cens et bientôt les Bleus apparaissent. Nos gens sont contraints de battre promptement en retraite après une courte fusillade. Ils vont à la Gresleraye, en Saint-Michel-de-Feins, puis à Grigné, où ils se préparent à savourer les douceurs d'une picherée de cidre, se figurant être à l'abri des atteintes de l'ennemi. Au bout d'une heure cependant, cinq cents hommes des gardes nationales des communes voisines se montrent et cernent la ferme : les six Chouans réussissent encore une fois à s'échapper, à force d'audace, après avoir repoussé les Bleus au cri de Vive le Roi. Ils se dirigent vers le bourg de Marigné, et en arrivant près de la croix de mission ils défient la sentinelle qui intimidée les laisse passer sans les inquiéter, et rentre dans le poste. « Remercions Dieu, dit Pimousse, et disons notre chapelet afin que tout nous réussisse demain comme aujourd'hui. » Tous ces détails ainsi que ceux qui suivent sont empruntés au manuscrit du curé de Saint-Michel, qui avait rédigé, comme nous l'avons dit, ses notes avec l'aide des récits et des témoignages des derniers survivants de la Chouannerie. Ils ont donc un caractère d'authenticité incontestable et ils donnent une idée très-exacte des mœurs pittoresques de cette curieuse époque.

Réduits à se cacher dans la campagne, les Chouans élèvent une tente, formée de copeaux et d'écorces d'arbres, qui leur sert d'habitation pendant une semaine. Ils se décident à passer sur l'autre rive de la Mayenne. Ils évitaient les bourgs et les endroits habités, se contentant d'assaillir les postes isolés. Au retour de cette expédition ils s'arrêtèrent au bourg des Anges, commune de l'Hôtellerie-de-Flée (Maine-et-Loire) et en partie de Saint-Quentin (Mayenne), où se trouvait un ancien couvent de Cordeliers et une église brûlés en 1792 et 1795. Le Chef demande à une fermière ce qu'on pense de Coquereau dans le pays ; elle répond que c'est un terrible homme et qu'on prétend qu'il mange les enfants tous crus. Coquereau se nomme et la rassure. Puis les Chouans reviennent à leur gite de

pillent les maisons de Chanteussé. *(Archives comm. de Chanteussé.)* Le 28 nivose, an III, le Marais de Champigné est envahi par les Chouans. Le 13 vendemiaire, an III, les Chouans tuent le maire de Miré, Marin Maugin. *(Archives comm. de Miré.)* L'Eglise de Menil avait été incendiée en 1794, par ordre de Coquereau, pour empêcher les Bleus de s'y embusquer. D'après les *Archives de la commune de Menil*, les Chouans fusillèrent plusieurs personnes de la Commune. Saint-Germain de Daon fut aussi, comme les autres églises de la contrée, brûlé vers le même temps.

3

Marigné. Traqués de nouveau par les Bleus avertis de leur retour, ils sont obligés de se blottir dans une sombre caverne où ils s'entassent, avec quelques maigres provisions, comme des bêtes fauves. L'air leur manquant, ils sont sur le point d'être étouffés. Un jour un homme de Chanteussé a la malheureuse idée de venir rôder autour de leur repaire et Coquereau l'interpelle ; l'autre riposte qu'il cherche le chef des Chouans pour le tuer. (1) Aussitôt Coquereau le fusille. Les Chouans se risquent à pénétrer dans le bourg de Chanteussé pour y boire et reprendre ensuite le chemin de Marigné, où ils séjournent quelque temps pendant l'été de 1794.

La bande grossissait et bientôt le nombre des compagnons de Coquereau s'éleva à trente-deux. Ils se munissent d'un drapeau blanc, et châtient les habitants d'un petit bourg voisin, dont la garde nationale était venue à Daon faire une perquisition chez le père de leur capitaine. Ils se dirigent après sur Miré, et une femme leur apprend qu'un détachement de quatre cents Républicains stationne sur la place de l'église de ce bourg. La troupe de Coquereau rebrousse chemin et court se poster le long de la route de Contigné : le chef place ses hommes derrière les haies et attend le passage des Bleus sur lesquels les Chouans dirigent une fusillade bien nourrie. Le combat s'engage et Jolly blessé, est transporté dans une cachette où s'était réfugié déjà le curé de Cherré.

De nouvelles battues des Bleus obligent Coquereau à franchir la Mayenne. Il trouve près de Sainte-Gemmes-d'Andigné (canton de Segré), une troupe de Chouans et faite de quelques recrues. Puis il songe à rentrer dans son canton après avoir battu et poursuivi l'ennemi à plusieurs reprises. Il s'arrête au château du Houssay près Saint-Sauveur-de-Fléc. Mais le fermier s'empresse de prévenir la garde nationale qui survient à l'improviste. Coquereau a eu le temps de s'embusquer avec ses hommes auprès de la maison, et il accueille les Bleus par des coups de fusil. Il se hâte de continuer sa route et après avoir passé la Mayenne à gué au moulin de Bressac, (2) entre Daon et Menil,

(1) Le curé de Saint-Michel dit dans son manuscrit, que c'est Pierre Chauveau, dit l'Intrus de Chanteussé, que Coquereau tua. C'est une erreur, puisque ce personnage fut assassiné à Chanteussé, le 17 thermidor an II, par une bande de Chouans.

(2) *Bressac*, moulin, commune de Menil, aujourd'hui détruit. *Moulin de Brechesac*, 1229, cab. de la Baluère. *(Dictionnaire topographique de la Mayenne, p. 53.)*

il campe dans les bois de Bréon. Le lendemain, il veut gagner Cens, quand un domestique de l'Escoublère et une fille des Rentes l'aperçoivent ainsi que ses hommes, et vont à Daon avertir les Bleus. Le maréchal des logis de Châteauneuf se met à la tête des habitants qui marchent sur Cens. Coquereau se tenait sur la défensive et repousse l'attaque des Républicains. De Cens les Chouans se cachent dans le bois de Charrost, en Contigné, d'où la garde nationale de Châteauneuf ne parvient pas à les déloger. La bande dont les munitions sont épuisées, se disperse après que Coquereau a protégé la retraite des chefs alliés, sur la rive droite de la Mayenne.

Coquereau revient à l'improviste à Daon, très-courroucé par les nouvelles qu'il a reçues. Il a appris en effet que son père et sa mère ont été enlevés de Daon, et emmenés prisonniers à Château-Gontier, ainsi que son épouse, tandis que son enfant de deux ans était resté caché dans un fagot d'épines pendant plusieurs heures. Il tombe un matin arrivant, suivant certains historiens, de Candé (Maine-et-Loire) sur le poste des Bleus de Daon qu'il met en déroute. Il manque cependant d'être pris par l'ennemi qui a fait un retour offensif pendant qu'il est en train de manger, et il est sauvé par la présence d'esprit de *Joli-Cœur*. Les Chouans gagnent les bois de Marigné. Coquereau annonce qu'il mettra le pays à feu et à sang, si ses parents ne sont pas promptement rendus à la liberté. (1)

Quelques semaines après il entreprend de chasser les Bleus de Cherré, de concert avec *Monsieur Jacques*, (2) célèbre capitaine des Chouans, qui se tenait sur l'autre rive de la Sarthe et qu'il avait invité à s'unir à lui, à la fin du mois d'août 1794. Les Bleus retranchés dans l'Eglise de Cherré et dans les maisons crenelées opposent une rigoureuse résistance. Les Chouans incendient l'Eglise, et les Républicains se précipitent au dehors : les uns sont tués, les autres faits prisonniers.

(1) Lepelletier de la Sarthe raconte que le lendemain de sa venue à Daon, Coquereau s'empara d'un convoi de poudre que les Bleus menaient d'Angers à Segré. *Histoire complète de la Province du Maine*, t. II, p. 406 à 410.

(2) Le vrai nom de *M. Jacques* était celui de *M. Bruneau de la Merouzière*, terre noble près de Brissarthe où il était né. Sa distinction, sa réserve, son courage imperturbable, lui acquirent bientôt un prestige singulier sur les paysans. V. au *Dictionnaire Historique* de C. Port, au mot Jacques *(Monsieur)*. Il débuta par se joindre à Larochejaquelin en Vendée, puis après Savenay, il gagna le Maine et s'unit aux Chouans de Saint-Paul. Il rallia plus tard les troupes de Turpin, de Terves et de Dieuzie. Il combattit à Gené le 26 juillet 1794, puis à Cherré.

Tel est le récit du curé de Saint-Michel qui ne dit pas, comme nous l'avons indiqué aux notes, qu'un Bleu échappé au massacre alla prévenir à Châteauneuf la garde nationale dont un retour offensif dispersa les Chouans. *Monsieur Jacques* resta quelque temps avec Coquereau et les deux chefs multiplièrent leurs excursions. De nombreux combats furent livrés aux environs, notamment au bois du Latay, en Châteauneuf, et à la ferme du Boulay en Marigné ; dans ces rencontres périrent un gentilhomme du Poitou et un jeune homme de la famille de Terves du Margat. Enfin Coquereau licencie sa bande et *Monsieur Jacques* continue de son côté sur Contigné ses opérations. Les Chouans se réorganisent bientôt dans l'Anjou et le Maine et des chefs sont élus dans les paroisses. Pimousse, guéri de sa blessure, est nommé capitaine de Marigné.

Voici d'après le curé de Saint-Michel l'énumération des capitaines avec leurs sobriquets. Les compagnies de Thorigné et de Soulaire avaient à leur tête *La Faveur* et *Va-Bon-Cœur*. Les autres chefs étaient : à Châtelain et Saint-Michel, *Moquereau*, à Contigné, *Joli-Cœur* avec *Saint-Martin*, capitaine de Chemiré, sous ses ordres. Brissarthe et Châteauneuf obéissaient à *Danse-en-l'Ombre*. Bouère, St-Denis et Souvigné étaient commandés par *Mousqueton* et *Riquons-Tout*. Armand, capitaine d'Auvers-le-Hamon, avait sous lui : Bouessay, capitaine *La Gaité*, Chantenay, capitaine *l'Union*, Avoise, capitaine *Bonne-Cause*, Juigné, capitaine *Virole;* les compagnies de Villiers-Charlemagne, du Bignon, du Buret, de Longuefuye, de Fromentières, de Meslay, de Ruillé-Froid-Fonds, marchaient sous *Bataille*, *Forbin*, *Généreux*, *l'Intrépide*, *Sabretout*, *Hector*, *Francœur*. Maisoncelle avait pour chef *Cœur-de-Roi*, Évron *Taillefer*, Daumeray *Bonchamp*, Etriché *Bazile*, Précigné *Ducymbray*. (1)

Jambe-d'Argent commandait dans le Craonnais et Ménard tenait la campagne avec 800 hommes dans le pays de Segré. *Le Lion* surveillait la Loire. Ancenis ainsi que Châteaubriant suivaient *Cœur-de-Lion* et d'autres chefs renommés. Tout le pays était en armes. Le quartier-général était établi au camp de Pontron près Angers, (2) où

(1) Comparer ces indications avec celles que renferment : *la Chouannerie* de Paulouin, *les Souvenirs de la Chouannerie* de Duchemin de Scépeaux, et les diverses *Histoires des guerres de la Vendée*.

(2) Pontron, ancienne abbaye du Louroux-Béconnais. Le camp de Scépeaux était établi aux alentours en l'an III, et des combats importants s'y livrèrent le 15 et le 22 messidor, où les patriotes furent victorieux. (*Dict. historique* de C. Port.)

résidait le vicomte de Scépeaux, chargé de la direction générale des troupes de la Chouannerie. Coquereau s'était retranché au château de l'Escoublère près Daon, avec Binet, son aide-de-camp, Grand-Pierre, son lieutenant, Chasse-Bleus, frère de Pimousse, Jarnigon de Daon et sa bande. Sa tactique était toujours la même. Il faisait prendre la colonne ennemie en flanc par le tiers de sa troupe, et ensuite lui donnait la chasse en tirant par dessus les haies quand elle fuyait. Battus, les Chouans s'enfuyaient dans les bois par des sentiers connus d'eux seuls, où les Bleus avaient peine à les poursuivre.

Les rencontres entre Coquereau et les Républicains étaient incessantes. Un des combats les plus meurtriers fut celui qu'il livra au carrefour des Cinq-Chemins (1) contre une colonne de Républicains venus par le chemin qui conduit à Saint-Laurent-des-Mortiers (Mayenne). C'est là que Jolly reçut la terrible blessure qui, selon Lepelletier de la Sarthe, le mutila si affreusement. Les Chouans, peu de temps après, furent mis en déroute au village des Prioutes près Sœurdres, et coururent à Saint-Michel-de-Feins où ils entrèrent à la nuit tombante. Coquereau eut là une aventure curieuse. Il cheminait au hasard dans le bourg sur son cheval au cou duquel était une sonnette qui servait de ralliement à ses hommes. Il avise alors un habitant qui ne le reconnaît pas, et le prie de lui indiquer le chemin de Daon en se faisant passer pour un Bleu égaré. Il aimait à mystifier les Républicains et se déguiser en patriote pour les tromper, afin de jouir ensuite tout à son aise de leur étonnement, quand ils découvraient, mais trop tard, cette ruse audacieuse.

Il avait toujours haï les habitants de Saint-Laurent-des-Mortiers, auxquels il reprochait de le dénoncer à ses ennemis. Aussi résolut-il de punir cette paroisse, et cédant à la violence de son caratère, il y commit un de ses plus déplorables excès, comme le raconte son historien.

Les Chouans, au nombre de cinq cents, pénètrent dans le bourg. Ils trouvent les municipaux et les chefs de la garde nationale réunis dans la chambre du presbytère, le 3 août 1794, et lisant en séance les détails de la mort de Robespierre. Le chef commande alors à ses hommes de tirer. Quelques-uns des Bleus se sauvent par les fenêtres : tous les autres et une vieille femme sont fusillés sur

(1) Lepelletier appelle cette rencontre le combat du Carrefour des Quatre-Chemins. V. *Histoire complète de la province du Maine*, t. II, p. 406 à 410.

place dans un horrible massacre. (1) Les parents de Coquereau ne tardèrent pas à être remis en liberté par les Républicains épouvantés des terribles représailles des Chouans. Après avoir cruellement châtié Saint-Laurent-des-Mortiers par cette abominable tuerie, Coquereau et les siens passèrent la nuit au château de Noirieux, où ils furent surpris dans l'ivresse par une colonne de 1200 gardes nationaux venus de Château-Gontier, et beaucoup furent tués. Le vicaire d'Avrillé près Angers fut pris à Noirieux et emmené par les Bleus.

Pendant l'année de 1795, *Monsieur Jacques* qui, après avoir combattu avec Coquereau, s'était retiré à Contigné, et avait enlevé le poste de Champigné, fut blessé à mort au combat de *Daumeray*. Il mourut à Juvardeil, dans une retraite cachée. Il fut remplacé dans son commandement par *Gaullier* dit *Grand-Pierre*, de Morannes, ancien garde du corps de Louis XVI. Coquereau, après l'affaire de Noirieux, retourna au château de l'Escoublère où il retrouva une partie de ses gens et rappela les autres pour tenir la campagne. Il avait un aumônier nommé l'abbé Fayau. Il était quinze jours plus tard au château de Mauvinet, en Ruillé-Froid-Fonds, et battait l'ennemi. Il se préparait le lendemain à assister à la messe quand une troupe ennemie survint et repoussa les Chouans. Cependant les Bleus se lassaient de cette guerre de buissons. Ils proposèrent aux Chouans de faire la paix. Bientôt Coquereau, sur les conseils de M. de Scépeaux entra en pourparlers avec les Républicains et se rendit à Château-Gontier suivi de quelques cavaliers. Il fut fort bien reçu et on lui persuada de se montrer dans les villes voisines, telles que Laval, Craon, La Flèche, Sablé, afin que sa présence apprît aux populations que la lutte était terminée. Toutefois ces premières négociations ne réussirent pas, Coquereau revint à l'Escoublère où Gaullier et Pimousse étaient restés en faction. De nouvelles tentatives de reconciliation étaient sur le point d'aboutir quand un événement fortuit les fit encore une fois échouer. Des Bleus se rendant de Château-Gontier à Châteauneuf avaient tué un soldat de Coquereau venu à Daon pour faire réparer son fusil par un serrurier. Le chef accourut à cette nouvelle avec ses gens pour attaquer les Républicains qui se défendirent avec vaillance, et les

---

(1) Le combat des Cinq-Chemins est antérieur au massacre de Saint-Laurent, selon le manuscrit du curé de Saint-Michel; de son côté, M. Lepelletier, de la Sarthe, dit que cette rencontre n'eut lieu qu'après ce dramatique événement, *Histoire complète de la province du Maine*, t. II, p. 406-410.

Chouans faiblissaient, quand une trentaine des plus déterminés d'entre eux enfila une petite ruelle qui conduisait à l'endroit où le gros des Bleus combattait. Les Chouans les prirent en flanc et les contraignirent à se retirer. Cependant, sur les instances des habitants de Château-Gontier, qui souffraient de la faim depuis que les Chouans arrêtaient les convois et empêchaient les réquisitions de blé, Coquereau permit que la ville fut pourvue de vivres ; il n'y eut néanmoins pas d'armistice, les Républicains refusant d'autoriser Louis Coquereau l'aîné, qui était soldat, à rentrer dans ses foyers. Irrité de cette obstination le chef envoie une estafette à M. de Scépeaux pour lui communiquer son intention de recommencer la lutte : on l'engage à rester sur la défensive.

Il veut toutefois tenter une nouvelle démarche auprès du quartier-général. Il prend la route de Pontron avec quatre cavaliers, laissant à Grand-Pierre le soin de commander sa bande cantonnée à l'Escoublère. Il avait bien été nommé par le conseil des officiers généraux, le 15 juin 1795, « commandant en chef de sa division » mais ses forces étaient décimées, et ce n'était qu'un titre illusoire. Il désirait qu'on lui donnât un concours plus sérieux en hommes et en argent, et qu'une nouvelle levée de boucliers fut tentée par les chefs de la Chouannerie. Il part donc avec Binet, Chasse-Bleus, Jarnigon dit Michaud, qui a raconté les détails de ce voyage, et son fidèle Hongrois qui ne le quittait pas. C'était un prisonnier de guerre interné à l'intérieur de la France, qui s'était échappé et avait rejoint les Chouans. Sa bravoure extraordinaire et sa bonne mine l'avaient fait prendre en amitié par Coquereau, auquel il témoignait un dévouement sans bornes. Le chef des Chouans semble, selon le récit de son historien, avoir le pressentiment de sa fin prochaine ; il chevauche, seul, en tête de sa petite troupe, triste et abattu, tandis que la lune éclaire de ses reflets mélancoliques cette marche nocturne et silencieuse. Le capitaine se retournant vers ses compagnons répète à plusieurs reprises « qu'il est un homme perdu, que les Bleus le tueront par force ou par ruse ». Le Hongrois répond simplement, « Coquereau est père à moi : si lui mourir, moi mourir avec lui. » Il tint parole. Le froid accueil du quartier-général mécontente Coquereau qui rentre, découragé, à l'Escoublère, dans la nuit du 28 au 29 juin. Grand-Pierre s'est retiré à la Roche de Marigné, à la nouvelle de l'approche du général Lebley, venu pour déloger Coquereau de son repaire, à la tête d'une colonne de quatre mille soldats. Affligé de cette défection Coquereau l'envoie prévenir, et celui-ci refuse de se joindre à lui. (1)

Il se dirige sur Daon, suivi de quatre cavaliers, après avoir cherché un instant dans l'abus des liqueurs fortes l'oubli de ses préoccupations. Il apprend que l'ennemi s'avance par le chemin de Marigné et il lance son Hongrois en éclaireur. Celui-ci arrivé auprès du ruisseau de Moriandre est tué par les Bleus : le bruit de la fusillade retentit jusqu'à Daon. Coquereau se précipite en avant en s'écriant qu'il n'abandonnera pas son Hongrois. La colonne paraît soudain en haut du bourg. Il va à sa rencontre et veut entrer en pourparlers avec les Bleus : il est accueilli par des coups de fusil, et se retire vers ses cavaliers. On le conjure en vain de fuir, il répète qu'il lui faut son Hongrois, et il retourne au-devant des Républicains qui répondent encore à ses interpellations par un feu nourri. Les Bleus n'avançaient qu'avec précaution, quand une femme leur dit pour les rassurer qu'il n'y a dans le bourg que Coquereau et quatre hommes avec lui. Ils reprennent leur marche, et les Hussards du 2e régiment courent à la poursuite de Coquereau que ses compagnons ont entraîné vers la route de Château-Gontier. Cinq cavaliers serrent de près les Chouans. Parvenus à l'embranchement d'un petit chemin, Jarnigon et Chasse-Bleus suivent leur première direction, pendant que Coquereau se jette dans le sentier de côté avec Binet, espérant que les Bleus se diviseraient. Mais ils s'attachent avec acharnement aux pas du chef reconnaissable à son costume, et dont le cheval harassé par la longue course de la veille ne peut parvenir à franchir une barrière qui ferme le chemin. Coquereau se retourne vers l'ennemi et est blessé à l'épaule d'un coup de pistolet. Il saute à bas de sa monture et s'enfuit à travers champs. Binet arrête un instant les hussards en se faisant hacher pour sauver la vie de son général. Trois cavaliers laissent leurs chevaux pour atteindre Coquereau qui, perdant son sang, a encore l'énergie de courir à deux portées de fusil. Enfin, dans un petit pré au bord d'un étang, il est sabré par un hussard au passage d'une haie. Il lui jette à la tête son arme devenue inutile et expire bientôt sous les coups de ses ennemis. Il était mort à l'âge de vingt-sept ans, le 29 juin 1795. Non loin de Daon les hussards rencontrèrent le père de Coquereau qui suivait la route de Saint-Michel et qu'une fille à demi idiote leur désigna. Mais le vieillard

(1) *Souvenirs de la Chouannerie*, par Duchemin de Scépeaux.

conservant tout son sang-froid se tira de ce mauvais pas, en répondant qu'il n'était pas celui qu'ils croyaient et que cette pauvre enfant ne savait ce qu'elle disait. La mère et la femme du général avaient fui sur la rive opposée de la Mayenne, où elles apprirent bientôt la mort du général. Les Chouans auraient tué les femmes qui avaient dénoncé leur chef et sa famille, sans la mère de Coquereau qui s'y opposa.

Coquereau, dit Duchemin, fut sans contredit le plus redouté des chefs Royalistes de l'Ouest. Aucun ne sut mieux que lui harceler son ennemi par une infatigable activité, le tromper par ses stratagèmes, l'effrayer par la multiplicité de ses attaques. (1) M. Arthur de Gobineau a chanté les exploits de Coquereau dans « la *Chronique rimée de Jean Chouan et de ses compagnons* ».

Le lendemain, 12 messidor an III, le général Lebley écrivait aux administrateurs de Maine-et-Loire la lettre suivante que nous reproduisons :

« Enfin ce scélérat de Coquereau, chef de Chouans, qui depuis long-
« temps inspire la terreur dans le pays et se prévalait d'y commander
« souverainement, vient de perdre cette souveraineté éphémère :
« ses mains criminelles ne seront plus teintes du sang d'aucune vic-
« time. Hier, à neuf heures du matin, entre Daon et Comblères
« le bras d'un hussard s'est appesanti sur sa tête et a délivré la patrie
« d'un monstre qui n'a cessé de la poignarder. » Le lecteur remarquera que cette lettre est rédigée dans le style emphatique et déclamatoire, qui caractérise les documents de l'époque révolutionnaire. Le chef républicain a voulu sans doute désigner l'Escoublère, en parlant du château de Comblères, qui n'existe pas.

Gaullier dit *Grand-Pierre*, né en 1766, fils d'un notaire de Morannes, ainsi surnommé à cause de sa taille de cinq pieds

---

(1) V. les notices sur l'Escoublère dans le *Maine et l'Anjou* de M. le baron de Vismes et dans l'*Album de Château-Gontier et ses environs* de T. Abraham par M. Victor Pavie. V. le récit de Binet, transcrit par Duchemin de Scépeaux, dans les *Souvenirs de la Chouannerie*, la *Chouannerie du Maine*, par Paulouin, la *Vendée Militaire*, par Crétineau-Joly, t. III, p. 365-366, *Histoire générale de la province du Maine*, par Lepelletier de la Sarthe, t. II, p. 406 à 410, les *Notes manuscrites* de M. de Dieuzie, *Histoire de la Vendée*, d'après des documents nouveaux, t. v, par l'abbé Deniau, 1879. Turpin et Dieuzie vengèrent la mort de Coquereau en saccageant Nort, Ingrandes et Segré, Bécon, le Lion-d'Angers, et le Louroux. Les environs de Château-Gontier furent aussi le théâtre de combats fréquents.

huit pouces, remplaça Coquereau à la tête de sa troupe. Il fut rejoint bientôt par Louis Coquereau, né à Marigné, frère de Joseph Coquereau dont nous avons déjà parlé. Louis Coquereau s'était engagé avant la Révolution, avait fait partie de la confédération de 1791, et avait servi dans le premier bataillon de la Mayenne, jusqu'à la fin de l'année 1792. Il était rentré sans congé régulier dans ses foyers où il avait séjourné jusqu'à la levée de trois cent mille hommes au mois de mars 1793. Il avait vainement tenté de se libérer du service militaire, et de se pourvoir d'un remplaçant qu'il n'avait pas réussi à faire accepter. Il avait dû partir. Les Chouans subirent vers ce temps de nombreux échecs. Le camp de Pontron fut dispersé le 15 et le 22 messidor, an III. MM. de Dieuzie et Mocquereau furent tués à la Gresleraie, en Saint-Michel-de-Feins. (1) C'étaient deux officiers de M. de Scépeaux qui revenaient d'Evron en compagnie de M. Taillefer, d'un domestique et de quelques jeunes Chouans des environs de Daon. Le domestique de M. de Dieuzie qui était infirme se cacha et échappa. Les victimes furent enterrées dans le cimetière de Saint-Michel, entre la chapelle et la croix. Les combats continuèrent pendant l'été de 1795. Francœur défit les Bleus au bois de Bergault, qui s'étend sur Arquenay en Maisoncelle le 25 août. C'est à ce moment que Louis Coquereau revenait au pays et offrait ses services à Gaullier qui l'accueillit avec empressement.

Dans les premiers jours du mois de septembre, le capitaine d'Auvers demande à Gaullier de l'aider à détruire le pont de Bouessay, canton de Grez-en-Bouère, pour entraver les communications des Bleus, ce qui s'exécute sans que la troupe républicaine de Sablé cherche à s'y opposer. Au retour, Gaullier prend la route de Bouère et arrive à Bierné, où il couche avec sa bande qui se disperse dans les métairies des environs. Coquereau et Joli-Cœur vont à Daon avec quelques cavaliers, pour faire ferrer leurs chevaux. Il était convenu qu'ils rejoindraient le gros des Chouans à Saint-Michel. Ils partent donc sans défiance. Tout-à-coup un Bleu se montre à la porte de la ferme de la Rivière, de Châtelain : des Chouans qui étaient en train d'y prendre leur repas, s'élancent à sa poursuite et se trouvent bientôt en face d'une

---

(1) La Gresleraie, en Saint-Michel-de-Feins (Mayenne), fief vassal de Moiré de Sourdres (Maine-et-Loire). *Dictionnaire topographique de la Mayenne*, p. 154.

colonne ennemie. Ils se replient et veulent prévenir leurs camarades, mais ils ne parviennent pas à se réunir en assez grand nombre pour vaincre les Bleus. Sabretout, capitaine de Fromentières (Mayenne), rassemble cependant une poignée d'hommes déterminés qu'il entraîne au combat en les animant du geste et de la voix. Une bataille s'engage auprès de la ferme de la Crie, en Argenton. (1) Le chef des Chouans est atteint d'un coup de feu dont il mourut huit jours après. Louis Coquereau accourt au bruit de la fusillade qu'il a entendue auprès de Cens, en revenant de Daon, mais il est trop tard, car les Chouans fuient en désordre. Il s'adjoint alors la troupe de Sabretout et se trouve avoir près de trois cents hommes sous ses ordres.

Le 13 septembre, au moment où l'aumônier allait dire la messe, avait lieu un autre combat de trois cents Chouans contre cent Bleus, à la Cointerie près de Querré, et les Républicains étaient poursuivis jusqu'au-delà de Cherré. Pendant ce mois de septembre 1795, les rencontres furent incessantes. Une attaque par les Chouans de Ruillé d'un convoi de réquisitions faites par les Bleus à la Barre de Bierné échoua, entre Bierné et Saint-Aignan. Peu après, Thorigné-en-Charnie était assiégé par Armand, capitaine d'Auvers-le-Hamon, aidé de Gaullier et de Louis Coquereau. Les gens de Thorigné reprochaient aux Chouans le meurtre de Perrine Dugué, accusée d'avoir dénoncé les rebelles au district de Sainte-Suzanne, tout en portant des provisions à ses frères réfugiés dans la ville. Les Bleus fermèrent leurs portes, crénelèrent leurs murs, s'embusquèrent derrière les lucarnes de leurs maisons, et tirèrent sur les assiégeants du haut du clocher. Les assaillants furent repoussés. Louis Coquereau battit néanmoins la garnison de Brûlon accourue au secours de Thorigné.

Au mois d'octobre, Gaullier et Francœur assaillirent, au bois de Bergault, les Bleus qui se rendaient de Laval à Meslay. Il y eut des tués et des blessés sans résultat des deux côtés. A la fin de ce même mois M. de Scépeaux qui après la prise du camp de Pontron, envahi par trois mille Angevins suivis de leur artillerie, avait transporté son quartier-général au château de Bourmont, en Freigné, près Candé, brûlé quatorze fois pendant les guerres de Vendée, envoya le jeune

---

(1) La Crie, ferme qui n'existe plus et n'est pas nommée dans le *Dictionnaire topographique* de la Mayenne.

de Bourmont, réclamer le concours de Gaullier et de Coquereau, retranchés aux environs de Daon. Les deux chefs arrivèrent auprès du général le 31 octobre. Les Chouans avaient adopté pour se prévenir entre eux, l'usage du cornet qui servait jadis à appeler les laboureurs au repas.

Les combats recommencent. Gaullier était resté à Saint-Mars-la-Jaille (Loire-Inférieure). Louis Coquereau chargé du commandement des Bretons et appuyé par un piquet de cavalerie, conduit par l'adjudant-général de Châtillon, s'avance d'un côté pendant que Sans-Peur prend une autre direction. Les Chouans se reposaient à Pannecé (canton de Saint-Mars-la-Jaille) quand les Bleus tombent sur eux à l'improviste. Malheureusement les Bretons se souviennent d'avoir vu, en sortant de Bourmont, un lièvre se sauvant dans une direction de mauvaise augure et ils se débandent. Ils fuient vers le camp sans tirer un coup de fusil et traversent la rivière à gué, les hussards ayant occupé le pont que les Chouans avaient traversé au départ. Sans-Peur survient et repousse l'ennemi. Quatre-vingts Républicains reconnus pour avoir participé au massacre de Quiberon (25 juillet 1795) sont fusillés.

Gaullier et Louis Coquereau retournent à Marigné, et livrent bataille à la garde nationale de Châteauneuf. M. de Scépeaux en tournée d'inspection militaire vient à Bouère qui, avec le bois de Souvigné, servait de quartier, ou plutôt de bureau central à Gaullier. Celui-ci n'avait guère alors avec lui que les deux cents hommes de Pimousse. Il parcourait en compagnie de Louis Coquereau, le pays soumis à son commandement. Louis Coquereau fut reconnu lieutenant par M. de Scépeaux qui passa dans la prairie de la Vezouzière près de Bouère une revue de quinze cents Chouans. Quelques semaines après, convoqué par son chef, Gaullier se rendit à Candé où il séjourna dix jours avec cinq cents hommes. Louis Coquereau le remplaça et Gaullier regagna Marigné. Une des expéditions heureuses de Louis Coquereau fut celle qu'il dirigea contre les Bleus d'Ancenis, qui s'étaient avancés jusqu'à Mézanger (Loire-Inférieure), et qu'il força de rétrograder.

Au mois de janvier 1796, les Chouans de Fromentières, venus coucher à la ferme de la Forêt, en furent chassés par la garde nationale de Château-Gontier. MM. de Jarret et de Charnacé, âgés l'un de seize et l'autre de dix-sept ans, dit le curé de Saint-Michel, faillirent être pris, et n'eurent que le temps de fuir pieds nus sur la neige. Du côté de Bourmont, les Républicains tentèrent d'écraser la troupe de M. de Scépeaux. Sans-Peur assailli à Sainte-Gemmes-d'Andigné par les Républicains d'Angers et de Château-Gontier éprouva des pertes sérieuses. Peu après une colonne mobile de deux cents patriotes fut exterminée à Challain-la-Potherie (Maine-et-Loire), dans la lande de la Croix-Couverte, par les chasseurs de Bourmont, qui formaient l'élite des Chouans. Quatre-vingts carabines furent le trophée des hommes de M. d'Andigné.

Sans-Peur reprit sa revanche au Lion-d'Angers. Dans les premiers jours du mois d'avril 1796, il était avec 900 hommes au château de la Ferrière (canton de Segré), en train de s'approvisionner. Les Bleus, au nombre de trois mille, se disposèrent à les attaquer. La moitié de l'armée républicaine campait sur une hauteur auprès d'un moulin tandis qu'un détachement faisait un circuit pour prendre les Chouans à dos ; le mouvement réussit et les Chouans se trouvèrent placés entre deux feux. Sans-Peur, suivi d'une vingtaine de tirailleurs d'élite se glisse alors le long d'une haie fourée et assaille à son tour l'ennemi en flanc. Il le fusille à bout portant et sème la terreur dans ses rangs. Les Républicains attendaient toujours dans leur embuscade auprès du moulin qu'on poussât les Chouans de leur côté et ne se mêlèrent pas au combat.

Gaullier avait repoussé l'ennemi au mois de janvier 1796 entre Grez et Bouère. Informé plus tard de l'arrivée des Bleus à Miré, il marche contre eux avec quinze cents hommes ; il en laisse six cents à Saint-Laurent-des-Mortiers, en envoie deux cents au château de la Raudière, près de Miré, et va se loger avec le reste à Beaumont. Il part le lendemain de grand matin de Saint-Laurent-des-Mortiers suivi de six cents soldats, et entend bientôt une vive fusillade. C'étaient les Républicains qui attaquaient la Raudière. (1) Tout était fini quand les cavaliers de Louis Coquereau arrivèrent sur le théâtre de l'action. Les Bleus s'étaient retirés au château du Port, et s'y étaient fortement barricadés. Les Chouans bloquèrent le manoir et leurs chefs placèrent deux cents hommes sur le tertre de Vaufoulon, pour explorer le pays d'alentour et arrêter au passage la venue des Républicains de Châteauneuf. Ils rentrèrent ensuite à Miré afin d'aviser au moyen de s'emparer du Port. Mais ceux

(1) La Raudière de Miré, ancien fief et seigneurie avec un château et une chapelle, datant de 1504. *Dictionnaire historique* de C. Port.

qui étaient chargés du blocus avaient mal gardé les issues, et Louis Coquereau aperçut l'ennemi qui fuyait vers Morannes. Il lança inutilement ses cavaliers à leur poursuite. En revenant à Miré ils trouvèrent tout en désarroi. La compagnie des Chouans en observation avait quitté son poste sans s'inquiéter des Bleus de Châteauneuf et s'était répandue dans les cabarets du bourg. Quatre cents gardes nationaux étaient survenus et un combat se livrait dans un clos de vigne à l'entrée de Miré. Malheureusement le capitaine de Fromentières qui commandait les Chouans était tombé frappé à mort, ce qui avait jeté le désordre parmi les siens. Louis Coquereau et Gaullier parvinrent cependant à rallier leurs hommes et à rejeter les patriotes vers Contigné. Gaullier alla coucher à Saint-Denis et le lendemain se dirigea vers Saint-Brice, sur les conseils du capitaine d'Auvers-le-Hamon. C'était au printemps de l'année 1796.

La division fut partagée en deux. Gaullier avait ordonné à Louis Coquereau, chef de la seconde moitié de la troupe, de tirer vers Auvers en suivant une ligne qui ne l'éloignerait pas de lui. Arrivé au bas des landes de Bouessay, Louis Coquereau vit les Républicains qui tenaient la route de Ballée. Il voulut les attaquer, mais il ne put les atteindre et il entendit soudain une vive fusillade. Il pensa que Gaullier était engagé, tandis que celui-ci de son côté croyait son allié aux prises avec l'ennemi. Bientôt les deux capitaines se trouvèrent réunis au même point pour délivrer la division Taillefer acculée par les Bleus bien supérieurs en nombre, vers Ballée, sur un tertre au bas duquel coulait une petite rivière. Les Chouans reconnurent de nombreux amis parmi ceux qu'ils avaient secourus, entre autres Tranche-Montagne et Le Chandelier. Les Bleus revinrent à la charge et furent encore repoussés. Les vainqueurs s'acheminèrent vers le village de Varennes-l'Enfant, commune d'Epineux-le-Séguin (Mayenne), où l'ennemi les relança pour la troisième fois sous les ordres du *Grand-Pierrot*, justement réputé pour son indomptable bravoure. Cet officier républicain avait adopté la manière de combattre des Chouans, c'est ce qui le rendait si redoutable. Gaullier et Armand conduisirent leurs gens par un petit sentier, pour prendre les Bleus en queue, tandis que Louis Coquereau et Joli-Cœur se jetaient dans un champ de genêts pour les assaillir en flanc. La mêlée fut si furieuse que quand les munitions furent épuisées, on se battit à coups de pierre, et les Bleus durent se retirer. Le chef des Chouans gagna Bellebranche (Mayenne), et le général Henry passa cette nuit là avec sa colonne auprès de lui sans s'en douter. Il se rendit de là à la Jaille-Yvon (Maine-et-Loire). En passant par Daon avec une vingtaine d'hommes pour rejoindre sa compagnie. Louis Coquereau s'attarda à causer avec des amis. Un patriote le reconnut et courut prévenir les Bleus qui étaient auprès de la Tremblaye, mais Coquereau averti par une sentinelle, eut le temps de fuir. Un de ses hommes qu'il avait envoyé en commission dans une maison de Daon, ne put rejoindre et fut tué.

Gaullier résolut peu après de chasser les Bleus venus au nombre de huit cents, en réquisition à Bouère, et campés près des fours à chaux. Il réunit dans un endroit désigné sa division avec deux compagnies de Taillefer pendant la nuit du lundi de Pâques. Les autres chefs demandaient à marcher de suite contre les ennemis. Toutefois Louis Coquereau, en traversant Grez, avait vu les soldats de Taillefer adonnés à l'ivresse. Il exposa au conseil qu'on ne délogerait pas facilement les Bleus bien retranchés, et que mieux valait attendre, ou tâcher de les attirer en rase campagne. Gaullier était de cet avis : la majorité insista pour l'attaque immédiate. Une colonne fut échelonnée sur la route de Sablé, afin d'empêcher les secours d'arriver aux Républicains. Louis Coquereau se porta sur les carrières, tandis que la troupe de Gaullier formait le centre de la ligne. Les éclaireurs aperçurent à la hauteur de Chasnay (canton de Grez-en-Bouère), une troupe se dirigeant vers Grez, et coururent avertir leur chef. Une fusillade animée pétillait sur la route de Sablé, et Gaullier craignant que les Chouans ne fussent surpris leur envoya un courrier qui fut tué en route. Les Chouans furent culbutés par l'assaut inopiné de leurs adversaires. L'attaque des fours à chaux échoua aussi, et les Bleus de Bierné ainsi que ceux de Saint-Denis faillirent faire les Chouans prisonniers. La troupe de Louis Coquereau se replia, et Gaullier retourna à Marigné.

Une rencontre eut lieu ensuite à la Fautraise d'Argenton. Les Chouans enfermés dans le château ayant appris que les Bleus de Château-Gontier arrivaient par la route de Contigné se préparèrent à résister, mais ils furent vaincus. Une autre fois les Républicains conduisant des charrettes de grain réquisitionné à Saint-Laurent et ne voulant pas passer par Saint-Michel et Argenton, se dirigèrent par un chemin détourné. Ils prirent la direction du village de Port-Joie et de la métairie de la Rivière, afin de gagner Gennes et Châtelain. Les Chouans les assaillirent à la métairie du Grand-Bois-Barré, et les rejetèrent sur Châtelain.

L'argent et les munitions s'épuisaient cependant et les Chouans commençaient à se lasser de cette guerre interminable. Des conférences s'ouvrirent entre les généraux républicains et les chefs de la Chouannerie qui exigèrent d'abord que la religion catholique eut son libre exercice. Peu à peu les difficultés s'applanirent, les idées de paix semblèrent prévaloir et les hostilités furent suspendues. Chaque compagnie rendit ses armes à un lieu désigné d'avance. La division Gaullier déposa les siennes au château de la Fautraise d'Argenton qui lui avait été spécialement assigné. Le chef républicain chargé des négociations, qui était le général Delaage, selon le curé de Saint-Michel, y vint de Château-Gontier. Ses ouvertures furent favorablement accueillies, car il n'usa à l'égard de tous les Chouans que de procédés honnêtes. Bientôt les églises furent ouvertes de nouveau, et les prêtres non assermentés purent célébrer les saints mystères sans être inquiétés par les patriotes. Les émigrés rentraient en foule. La lutte fut interrompue pendant seize mois environ, de mai 1796 à septembre 1797. Aux élections de l'an v Louis Coquereau s'occupa activement de faire nommer à Daon les candidats de son choix.

Mais ce n'était qu'une trêve qui fut de courte durée. Les persécutions ne tardèrent pas à renaître. A la suite du coup-d'état du 18 fructidor (4 septembre 1797), qui amena la recrudescence des troubles politiques, cinquante-trois députés, deux directeurs, d'autres citoyens, furent déportés. Les lois révolutionnaires furent remises en vigueur, et le clergé persécuté fut obligé de se cacher comme au temps de la Terreur. Plusieurs ecclésiastiques périrent victimes des fureurs démagogiques. Ainsi le curé d'une paroisse des environs de Sablé, découvert à la ferme de Racapé, en Menil, et emmené à Château-Gontier, fut assassiné par les soldats qui l'escortaient, sur la route de Laval, où ils avaient mission de le conduire en prison. (1) Le vicaire de Précigné, trahi par un colporteur de Sablé, fut arrêté, envoyé

---

(1) V. sur ces événements : l'*Histoire de la Vendée* de l'Abbé Deniau, p. 596, 597, t. v : Paulouin, t. 1, p. 202 : Crétineau-Joly, t. III. C'était malgré Gaullier que les chefs des Chouans étaient allés à Château-Gontier et avaient après déposé les armes. Deux mille fusils furent rendus aux autorités de Laval.

à Tours et fusillé comme Chouan, malgré les engagements formels pris lors de la conclusion de la paix. Un prêtre réfractaire fut égorgé avec un fermier du voisinage de Segré, qui lui donnait asile pour exercer son ministère en secret, sur la route d'Angers par la troupe Républicaine. Plusieurs chefs de la Mayenne et de la Sarthe furent passés par les armes. Partout les Chouans étaient injuriés et menacés de mort.

C'est alors qu'un aventurier étranger, Palakouski, dit le chevalier de Bolbène, qui voulait remplacer, dans la direction de la Chouannerie, le comte Fortuné-Guyon de Rochecotte, célèbre capitaine des Chouans, agent royaliste arrêté à Paris et fusillé au Champ de Mars le 29 juin 1798, résolut de s'unir à Gaullier pour tenter de soulever les paysans. Louis Coquereau refusa de s'associer à cette entreprise qui lui semblait téméraire, et demeura paisiblement caché dans sa retraite. Cependant Gaullier ayant réuni deux cents hommes, marcha sur Châteauneuf où il entra sans combat. Mais il ne put déloger la garnison retranchée dans le donjon qui était au milieu du bourg ; celle-ci repoussa victorieusement les attaques des Chouans et les contraignit à battre en retraite ; cette attaque eut lieu dans les premiers mois de l'année 1799. La garnison de Champigné atteignit les Chouans au bois du Lattay et Pimousse fut blessé pendant le combat. La bande de Gaullier découragée, se dispersa promptement. Gaullier et son aumônier, en s'enfuyant, s'arrêtèrent, par un curieux hasard, dans la maison où Louis Coquereau s'était caché. C'est ainsi que, sans être vu, le chef, plus avisé que son collègue, apprit la nouvelle de la défaite.

A quelque temps de là, cinq cents Bleus anéantissent, au pont de la Claye de Marigné, la compagnie de Sœurdres, et déciment la petite armée des Chouans. Un soldat de Saint-Michel eut les deux cuisses traversées et fut sauvé par l'héroïque dévouement des sœurs de Pimousse qui l'emportèrent en lieu sûr. Le colporteur de Sablé qui avait livré le vicaire de Précigné, avait été pris auprès de la Gresleraie de Saint-Michel, et fusillé sur la commune de Daon. Les Chouans avaient ensuite renvoyé à la veuve le ballot contenant les objets de commerce et les marchandises. Le 15 mai 1799, Saint-Martin, déguisé en sergent de ligne, poignardait, à Morannes, l'agent Millière en plein jour dans sa maison, et s'enfuyait avec quatre des siens. Après avoir quitté sa retraite au mois de juillet, Louis Coquereau reçut en août, l'ordre de reprendre les armes. Il conduisit à Candé Palakouski qui demeurait à Daon, et se mit au service du général d'Andigné. La Chouannerie recommença. Louis Coquereau fut placé sous les ordres de M. de Chatillon qui avait le commandement depuis la rive gauche de la Villaine jusqu'à la Loire, et sur les deux rives de la Mayenne, en vertu des délibérations prises par le comité royaliste. M. de Bourmont fut chargé d'organiser les opérations du Maine, du Perche, du Pays-Chartrain ; M. de Suzannet, celles de la Basse-Vendée jusqu'à la mer ; M. d'Autichamp, celles de la Haute-Vendée et de l'Anjou ; M. de Frotté, celles de la Normandie ; M. de Cadoudal, celles de la Bretagne jusqu'à la Villaine. Les Anglais avaient promis de fournir des secours, et d'opérer une descente de quarante mille hommes en Bretagne. Le comte d'Artois avait envoyé de Londres, pour diriger les Chouans, des officiers qui avaient débarqué à Quiberon sous la protection des soldats de M. d'Andigné. Mais les Anglais n'avaient pas exécuté leurs engagements, et les forces de la Chouannerie s'étaient concentrées en Anjou. Il était convenu que M. de Cadoudal s'emparerait de Sarzeau, entre Vannes et la mer, pour faciliter l'arrivée des alliés s'ils se décidaient enfin à apparaître. M. de Chatillon qui avait guerroyé longtemps autour de Châteauneuf, avait reçu l'ordre de marcher sur Nantes pour y prendre dans les caisses de l'Etat l'argent qui faisait défaut, et M. de Bourmont devait s'emparer du Mans où étaient réunies les munitions de guerre dont on avait besoin. Châtillon pénétra dans la place de Nantes le 20 octobre 1799, avec la moitié de sa petite armée : le reste était campé sur la route de Rennes. Il parvint jusqu'au bureau des finances qui contenait cinq cent mille francs, mais attaqué par des forces supérieures, il se replia sur Candé où il apprit que les Anglais descendus sur les côtes de Hollande avaient été vaincus.

Un breton, nommé Tête-Carrée, évadé naguère des prisons du Bouffay, avait cependant réussi à délivrer à Nantes trois prêtres détenus. Quant à M. de Bourmont, qui s'avançait vers Le Mans, il rencontra le *Grand-Pierrot* près de Louvigné. *Saint-Martin* assaillit l'ennemi en flanc, le mit en déroute, et le poursuivit jusqu'auprès de Laval. *Petit-Chouan*, frère de Pimousse, avait grièvement blessé le chef des Bleus. M. de Bourmont entra au Mans le 15 octobre 1799, avec cinq mille hommes, et y resta trois jours. Il ne parvint pas à s'emparer du bourg de Ballée défendu par les patriotes et par leurs femmes, avec une rare intrépidité. (1)

Les événements se précipitent et le 18 Brumaire an VIII (19 novembre 1799) survient. Le général Hédouville arrive à Angers. Il envoie un de ses officiers, Paultre de la Motte, à M. de Chatillon pour lui offrir la paix. Une suspension d'armes fut décidée après une réunion au bourg d'Angrie, canton de Candé, arrondissement de Segré. Le lendemain M. de Chatillon fait partir Louis Coquereau pour Saint-Laurent, afin de prévenir M. de Bourmont en passant par Daon. Laissant le commandement à M. de Malartie, M. de Bourmont alla conférer de la paix avec M. de Chatillon, puis rentra à Saint-Denis, à son quartier-général. Il se défiait de Palakouski, qui avait déjà réussi à débaucher les Chouans et à gagner Saint-Martin à ses idées. Il s'en débarrassa en le chargeant de combattre un corps de quinze cents Bleus de Laval, qui suivaient la route de Meslay. Palakouski resta sur le champ de bataille et les siens se retirèrent faute de munitions. Le congrès de Pouancé eut lieu le 27 décembre 1799 : la série des préliminaires de paix fut discutée entre le comte de Bourmont, d'Andigné, La Roche Saint-André d'une part, Bonaparte et Talleyrand de l'autre. Puis de nouveaux pourparlers s'engagèrent à Candé, le 8 janvier 1800, entre les généraux Duroc et Lacuée, aides de camp de Bonaparte, d'une part, et les chefs de la Chouannerie de l'autre. Les conférences du Montfaucon du 28 janvier amenèrent enfin la paix. L'exercice du culte catholique fut déclaré libre, et on promit d'exempter d'impôts les départements de l'Ouest pour les six premiers mois de l'année 1799 et les six premiers mois de l'année 1800.

Quinze années s'écoulèrent paisiblement. (2) Les Chouans demeurèrent en repos pendant toute la durée de l'Empire. Au retour de l'Ile d'Elbe, en 1815, Gaullier, Louis Coquereau, Pimousse et Saint-Martin donnèrent le signal d'une nouvelle Chouannerie. Les dragons

(1) V. sur cette période le *Dictionnaire topographique* de la Sarthe, de J.-B. Pesche, au mot Mans : Crétineau-Jolly, t. IV : Paulouin : V. aussi *Histoire de la Vendée* par l'abbé Deniau, t. V : *Histoire de la province du Maine*, par Lepelletier de la Sarthe, t. II : Vie du Maréchal de Bourmont : *Essais historiques et littéraires sur la ci-devant province du Maine*, par Renouard, etc.

(2) Ceci est exagéré, et le curé de Saint-Michel oublie que les Chouans guerroyèrent encore longtemps. Ainsi Jacques Gosse, maire et percepteur de Miré, se déclarait encore en pluviose, de l'an IX, se refuser à tout service à cause des troubles : le 12 frimaire précédent, quatre Chouans étaient venus et l'avaient forcé de leur remettre ses papiers. *(Archives comm. de Miré.)*

d'Espagne culbutèrent à Champigné les Chouans après un engagement rapide où M. de Champagné fut tué : un Chouan de Saint-Denis-d'Anjou reprit le drapeau blanc que les Bleus avaient conquis. Auprès de Laval le drapeau tricolore avait été abattu par Moustache qui, poursuivi pas les patriotes, fut vaincu et périt le soir au village de Montigné. A la Roche-Bernard, dans le Morbihan, on fit aussi une démonstration. Le curé de Saint-Michel ne dit pas si Louis Coquereau prit part au soulèvement de 1832 avec Gaullier, de Pontfarcy, Pimousse, Saint-Martin, de Pignerolles et les autres chefs insurgés au mois de mai 1832 qui figurèrent au combat du château de Chasnay près de Grez-en-Bouère. Trois habitants de Daon furent au nombre des victimes. Nous savons seulement que Louis-Charles-Paul Coquereau mourut presque centenaire à Daon, le 25 décembre 1865, d'après le registre de l'état-civil de Daon (et non pas à Meslay comme on l'a dit). Il était né à Daon le 6 mai 1767. Il était fils de Louis Coquereau, marchand, tisserand au bourg de Daon, et de Charlotte Marion : il fut baptisé par M. Marteau, vicaire d'Azé.

Le plus curieux et le plus pittoresque parmi les anciens châteaux et logis de la commune de Daon, est sans contredit celui de l'Escoublère, arrière-fief du duché d'Anjou, vassal de la châtellenie de Daon. Un juge compétent en cette matière, M. Victor Pavie, a reconnu que l'Escoublère représente aujourd'hui un des types les plus rares et les plus complets de l'antique gentilhommière, intermédiaire entre le manoir féodal habité par les seigneurs et le simple logis des bourgeois. Il a admiré et décrit avec la verve et le talent qui lui sont propres, le pont-levis, les douves, où les vieux arbres laissent tomber leur chevelure toute tapissée de lierre, la porte à herse entre l'avant-cour et la cour, le logis flanqué et embastillé, comme la porte et la chapelle. Il a remarqué aussi que l'adjonction de certaines parties ne remontant qu'à l'époque de Louis XIV ne nuisent en rien à l'harmonie de l'ensemble et laissent à ce vieux castel son caractère d'unité parfaitement intact. Les artistes et les touristes qui visitent l'Escoublère sont d'accord pour considérer le puits à coupole imbriquée supportée par quatre colonnes composites, comme un échantillon très-intéressant du style Renaissance. Autour de la coupole on lit les versets suivants : « *In justitia tua libera me, Domine, in te speravi et non confundar in æternum.* » (1)

(1) Nous avons publié dans la première livraison de l'année 1879 de la *Revue*

Nous allons maintenant compléter à l'aide de documents nouveaux les renseignements déjà fournis sur les seigneurs de l'Escoublère. Les Archives de Maine-et-Loire et surtout le Registre des baptêmes, mariages et sépultures de la paroisse de Daon, depuis 1594, nous ont été d'un précieux secours pour recomposer cette curieuse histoire. (1)

Le premier des seigneurs de l'Escoublère dont l'histoire fasse mention est, selon l'historien Barthélemy Roger, Guy de Salles, chevalier, seigneur du Mesnil et de Crion, tige des sieurs de Salles, l'Escoubler, et Beaumont de Miré, qui se distingua en combattant contre les Anglais au Bourgneuf-Saint-Quentin, en 1442. Les sires de Montalais-Chambellay, de la Grezille, de la Faucille, de Montjean et une foule d'autres qui constituaient l'élite de la noblesse de l'Anjou et du Maine, assistaient à cette bataille. (2)

Il y eut en 1467 partage des successions de Jamet Salles, écuyer et de Guillemine Legay, sa femme, entre leurs enfants. (3) En 1472, nous

historique et archéologique du Maine, une notice spéciale sur le puits de l'Escoublère, accompagnée d'une eau-forte de M. Tancrède Abraham. (Note de l'auteur.)

(1) C'est bien selon M. de Wismes, dans sa notice sur l'Escoublère, dans le *Maine et l'Anjou*, le vrai manoir d'autrefois. Voici la cour, l'avant-cour entourée des écuries, des magasins et dépendances d'un centre d'établissement à la fois agricole et militaire : dans le fond, le corps de bâtiment principal, la manantie du seigneur, fortifiée de tourelles vers les angles et au centre ; puis la porte d'entrée, s'ouvrant au milieu d'un large pavillon flanqué de deux tours élancées, des douves profondes cernant le tout et un pont de bois facile à détruire en cas d'attaque.

(2) *Histoire d'Anjou*, par Barthélemy Roger, p. 344. On dit l'Ecoublère et l'Escoublère. Bourdigné dans ses chroniques l'appelle l'Escoubler. Ce château est également nommé l'Escoublère et les Ecoublères dans les titres féodaux. V. aux pages 32 et s. *Archives de Maine-et-Loire*, série E. Baronie de Châteauneuf. Tome II de l'*Inventaire sommaire des archives départementales, antérieures à 1790, Maine-et-Loire*, par C. Port, Angers, 1871. Parmi les fiefs et arrière-fiefs de la Baronie de Châteauneuf, figure le Buron de Craon, en Morannes, ancien fief et seigneurie, dont le nom rappelait que les seigneurs de Craon le possédaient du XIVe au XVIe siècle. Déclarations rendues du Buron-de-Craon pour terres et maisons aux Ecoublères, 1610-1658, E. 268, — à l'Ecoublère, (1723), E. 272, — aux Ecoublères, (1747), E. 273, — aux Ecoublères, (1565), E. 274, — à l'Ecoublère, (1644), E. 275, — à l'Ecoublère, (1628), E. 276, etc.

(3) V. à la page 133 et s. du même *Inventaire sommaire des Archives de Maine-et-Loire*, la liste des documents relatifs aux seigneurs de Salles, — 1467-1607 : — Salles (de), E. 3912, (carton) 21 pièces, parchemin, 20 pièces, papier. — 1614, XVIIIe siècle, E. 3913, (carton) 13 pièces, parchemin, 68 pièces papier. (*Archives de Maine-et-Loire*, série E. — *Titres de famille.*)

trouvons Guillaume de Salles de l'Escoublère marié à Yvonne d'Andigné, veuve de Pierre d'Armaillé, dont naquirent un fils, Guillaume, et une fille, Guyonne, fiancée, presque enfant, le 4 février 1493, à Michel de la Porte, fils et héritier de Guillaume de la Porte, seigneur de Dangé, et de Françoise de Lille. Les de Salles de l'Escoublère portaient : *d'argent à trois hamaïdes de sable à une bordure du même.*(1)
Il fut fait en 1494, à Angers, une enquête au sujet de la noblesse de Guillaume de Salles, sieur de Lescoublère. Le mariage de Guyonne de Salles et de Michel de la Porte, s'accomplit le 11 juin 1499, du consentement de Jean d'Armaillé, frère aîné et utérin de Guyonne.

Nous n'avons rien découvert de particulier au sujet des seigneurs de l'Escoublère pendant le xvie siècle. Nous savons seulement que le château appartenait toujours à la famille de Salles. Les Archives de Maine-et-Loire mentionnent les noms d'Amaury Salles, sieur de Flée, de Lancelot Salles, sieur de Beaumont, de René de Salles. Le plus connu de ces personnages est Antoine de Salles, sieur de Beaumont, seigneur de Miré en 1569, marié à Anne Bourel. Il reçut commission du sire de Bois-Dauphin, lieutenant pour Messeigneurs les princes de l'Union-Catholique, en la ville du Mans, de lever un corps de 120 arquebusiers à pied et 6 arquebusiers à cheval, pour tenir avec lui garnison dans le château de Sablé. Le duc de Mayenne le confirma dans sa charge de gouverneur de cette ville où il commandait en 1589. Il y fit « une monstre et revue » aux halles « de huict vingt hommes de guerre à pied français, et dix à cheval » pour le service de la Ligue. Le duc de Mayenne avait eu soin d'ordonner au receveur général des finances de la généralité du Maine, de régler les dépenses faites par Antoine de Salles pour la défense de la cité. Quand les hostilités furent terminées, des lettres royales annulèrent toute procédure pour faits de guerre et notamment contre Antoine de Salles. L'autographe avec signature de Henri IV figure aux Archives

---

(1) *Hamaïdes* ou *Haméïdes* : Trois longues pièces de bois en forme de fasces alésées qui se mettent sous les tonneaux. (*Vocabulaire héraldique de l'Armorial général d'Anjou*, par J. Denais) : ce sont les armes des de Salles, d'après une *Histoire généalogique* de la maison de Quatrebarbes, manuscrit inédit appartenant à M. de Quatrebarbes de la Sionnière, rempli de curieux détails sur les anciennes familles de l'Anjou et du Maine, qui mériterait d'être publié. On trouve cependant au prieuré d'Aquitaine, les armes d'Urbain de Salles de l'Escoublère, diocèse d'Angers, 1597, ainsi décrites : *d'hermines au chef chargé de cinq losanges de gueules.*

de Maine-et-Loire. Antoine de Salles, sieur de Beaumont et de Miré, fut dispensé du service et de la contribution pour le ban et l'arrière-ban, « à raison, dit un document signé par Henri IV, des bons et agréables services qu'il nous a toujours faicts et lesquels continue chacun jour le sieur de Miré, son fils. » Le roi Henri autorisa Antoine de Salles « à chasser et à tirer de l'arquebuse à toute sorte de gibier non deffendu tant en ses boys, sur ses terres et domaynes, que dans les estangs, marais et rivières », avec cette mention autographe ainsi que sa signature royale : « *J'ay accordé la permission cy-dessus, Henry* ». (1)

Le prieur-curé de Daon en 1605 avait nom Joseph de Salles, et appartenait sans doute à la famille des de Salles, seigneurs de l'Escoublère. Il fut parrain de la fille de Michel Trochon, seigneur des Places en 1606. Il bénit en 1630 le mariage de Jean Arnoul de la Roussière, et de Marie Trochon des Grandes-Places. Nous voyons sur les registres de la paroisse qu'il fut parrain en 1636, et qu'il prenait alors les titres de doyen de Saint-Martin d'Angers et de prieur-curé de Daon. Il baptisa dans l'église de Daon, le 10 avril 1608, Claude de l'Escoublère, fille du seigneur du lieu. Claude de l'Escoublère qui, comme nous le verrons plus loin, était destinée à périr d'une façon tragique. Ce personnage mérite de fixer l'attention du lecteur.

Claude de Salles, seigneur de l'Escoublère, était un haut et puissant seigneur, puisque en 1612, en outre de son manoir de l'*Escoublère* et de sa maison de *Maligny* ou *Marigné*, il possédait encore le logis de *Haute-Folie*, commune d'Angers. Cette terre est désignée dans les documents de l'époque sous le nom de la « *closerie de Haute-Folie, joignant d'un côté le chemin de Saint-James, d'un bout le chemin des Ponts-de-Cé* ». Il l'avait acquise de Michel Lemaçon, procureur du roi. Ce domaine avait appartenu jadis au roi René, en 1465, et il avait bâti la maison dans la vigne. Il y avait fait des folies et le populaire le prit au mot, dit M. C. Port dans son Dictionnaire Historique, en attachant le nom au manoir qui le conserva.

Jeanne de Laval y reçut en 1484 l'évêque La Balue, à son entrée, où vinrent le féliciter tous les corps de la ville. Le 6 juin 1518 le roi

---

(1) *Archives de Maine-et-Loire*, série E, titres de famille. E. 3912. V. aussi même série E. 3913, l'énumération des documents relatifs aux sieurs de Salles de Beaumont de Miré : deux lettres avec signature autographe de Louis XIII, y sont citées. V. les notes généalogiques du feudiste Audouys.

François Iᵉʳ et sa mère Louise de Savoie, ainsi que sa sœur la belle Marguerite de Valois y soupèrent en attendant le maire, les échevins, les conseillers de la ville et tout leur cortège. Enfin Claude de Salles était déjà propriétaire de cette demeure historique, et y résidait depuis 1612, quand le 16 octobre 1618, la veuve de Henri IV, Marie de Médicis, la mère de Louis XIII, venant prendre possession de son gouvernement d'Anjou, y trouva réunie dans l'enclos, toute la jeunesse angevine en cinq bataillons, comprenant 600 mousquetaires qu'elle passa en revue, portée en litière au bruit des cris de joie et des détonations. (1) Le sieur de la Blanchardière-Gourreau, doyen des conseillers du Présidial et capitaine, s'était mis à la tête de cette petite armée, selon Barthélemy Roger dans son Histoire d'Anjou. (2) Haute-Folie appartint, après Claude de Salles de l'Escoublère, à son gendre, Jacques de Lancrau, puis à René Rigault, chevalier seigneur de la Tremblaie, mari d'Agnès de Salles de l'Escoublère, veuve en 1670, et remariée à René Dutertre. C'est encore à cette date « la grande maison de Haute-Folie avec jardins, cour, vivier, réservoir enclos de murs et fossés. » Plus tard y résida Mergot de Briace.

Jean Louvet raconte dans un journal qu'en 1622, Claude de Salles, seigneur de l'Escoublère, écuyer, demeurant à Angers près le portail lyonnais, fut tué en sa maison de Maligny, (sans doute Marigné), par Saint-Martin prévôt de Loudun et enterré sans aucune cérémonie en l'église des pères religieux Minimes, près le faubourg Saint-Michel. Il fut grandement regretté des habitants « comme bon gentilhomme, bien vivant et craignant Dieu ». (3) Quelle fut la cause de cette mort ? Etait-ce une haine politique ou une rivalité d'amours ? J. Louvet ne le dit pas.

Guillaume de Salles, (peut-être fils du précédent), épousa Marguerite Le Maczon, fille de Thibault Le Maczon, seigneur de Beau-

---

(1) V. *Archives de Maine-et-Loire*, E 3913, n. 403-407 ; H. Saint-Aubin. Laigné, t. I, f° 87, et Déclar. t. XI et XIV. Bourdigné IIIᵉ part. ch. XXVI, *Revue d'Anjou*, 1855, t. II. p. 103-196. Lecoy de la Marche, extraits des comptes, n° 320-329. *Dictionnaire historique* de C. Port, au mot Haute-Folie.

(2) *Histoire d'Anjou* par Barthélemy Roger, p 478.

(3) Récit véritable de tout ce qui est advenu digne de mémoire en la ville d'Angers, païs d'Anjou et autres lieux, par Jean Louvet. Le manuscrit comprenait 8 volumes in-4° sur papier : les VIᵉ, VIIIᵉ sont perdus. Le Journal proprement dit, t. II, va de 1583 à 1634.

chêne, (1) et de Catherine dame de Launay, de la paroisse de Sceaux en Anjou. (2) Le fief et seigneurie de Launay de Sceaux, avec maison noble dite au xvi⁰ siècle, *Launay-Bérard*, appartenait dès les premières années de ce siècle aux Le Maczon. Michel Le Maczon de Sceaux, maire d'Angers en 1534 et 1535, portait : *d'argent au cerf passant de gueules ramé et onglé d'azur*. C'est le second quartier de l'écu qui figure au bas de son aveu de la seigneurie de Launay en 1547. Claudes de Salles, fille du seigneur de l'Escoublère assassiné à Maligny, et née en 1608, comme nous l'avons dit, épousa noble homme Jacques de Lancrau fils de Jean de Lancrau, qui portait le titre de seigneur du Tertre. Il avait pour armes « *d'argent au chevron de sable accompagné de trois roses de gueules boutonnées d'or, deux posées en chef et une en pointe* », selon le projet d'armorial d'Audouys, Ms. 994. Selon l'armorial d'Anjou, il portait « *d'argent au chevron d'azur* ». (3) Jacques de Lancrau figure dans un acte de baptême à Daon, où il signe comme parrain, le 2 mars 1625. La marraine était dame Claude Le Maczon de Launay. Claude de Salles fut marraine à Daon le 22 août 1644. Elle mourut le 13 juillet 1649, et fut enterrée dans l'église de Daon, dans la chapelle Saint-Pierre. (4) Une demoiselle de Salles de l'Escoublère, du nom de Marie, épousa son parent, Jean Le Maczon, 4ᵉ du nom, seigneur de Launay de Sceaux. Elle était veuve de Pierre Aubineau, seigneur des Moulins en Poitou. De ce mariage naquit une fille, Claude Le Maczon, mariée en 1647, à Henri de Blécourt, vicomte de Bétencourt,

---

(1) Cette famille Le Maczon de Launay, selon M. le baron de Vismes, dans son article sur l'Escoublère, dans le *Maine et l'Anjou*, portait *d'azur à trois fasces muraillées et crénelées d'or au lion brochant sur le tout lozangé d'or et de gueules* : Les armes des Le Maczon de Launay-Millon (?) dit-il encore, étaient *d'azur à la fasce d'or accompagnée de trois besans d'argent, deux en chef et un en pointe*.

(2) Un autre manuscrit, selon le même auteur, place Launay à Louvaines, c. de Segré; nous y voyons aussi que : les Launay portaient : *de gueules à trois morilles d'or*. Il est certain que la famille Le Maczon, qui possédait Launay de Sceaux dès les premières années du xvi⁰ siècle, détenait aussi Launay de Louvaines, du xv⁰ au xviii⁰ siècle. Mais la branche des Le Maczon, alliée aux seigneurs de l'Escoublère, était croyons-nous celle des Launay de Sceaux. V. sur les divers membres de la famille Le Maczon qui se sont illustrés dans l'histoire d'Anjou, le *Dictionnaire historique* de C. Port, au mot Le Maczon. Archives de Maine-et-Loire, série E, p. 758.

(3) Note communiquée par M. J. Denais.

(4) Registre de la paroisse de Daon, années 1644-1649.

en Picardie, gouverneur des Ponts-de-Cé, en 1619. Cette dame possédait encore en 1676, le manoir de Launay de Sceaux.

La terre de l'Escoublère changea de propriétaire et en 1661 René Rigault, chevalier, seigneur de la Tremblaie, époux d'Agnès de Salles, en était le seigneur. Il figura cette année là, comme parrain, à Daon : la marraine était Renée de Jourdan, épouse de haut et puissant seigneur René de Breul, baron d'Ingrandes.

L'Escoublère appartenait en 1682 à Pierre Sourdrille, seigneur de la Tremblaie, et à Marie Tuffé, son épouse. Leur fille, Marie Sourdrille, devint le 1er juillet 1682 la femme de René Duguesclin, chevalier, seigneur de Beaucé, près Solesmes, né en 1647, à Sablé, fils de René Duguesclin, conseiller du roi, et d'Anne Cousinot. Il y avait plus de 60 ans qu'une branche des Duguesclin avait fait souche au pays de Sablé, par suite du mariage en 1610 de Gabriel Duguesclin, quatrième fils de Bertrand IV, avec Renée Neveu, fille de Roland Neveu, bailli de Sablé, sieur de la Morelière, et de Marie Foulon qui lui donnèrent en avancement d'hoirie, les terres d'Auvers-le-Courtin, et du Deffays, en la paroisse d'Erve. René Duguesclin était le petit-fils de Gabriel Duguesclin. Le contrat de mariage de René Duguesclin et de Marie Sourdrille, fut passé à Château-Gontier, place Saint-Rémy, en la maison de René Sourdrille. Etaient présents : Guillaume Lepelletier, bailli de Sablé, Gabriel Sourdrille d'Herbrée, et divers membres des familles Chailland, Trochon, seigneurs de Champaigne et de la Porte, etc. L'Escoublère fut donnée en dot à Marie Sourdrille. (1) Cette seigneurie consistait « en chasteau, et maison
« seigneurialle, bois de haute futaye, jardins, prés, vignes, mestaye-
« ries et domaines de L'Escloubarre, etc. Les parents promettaient
« de délivrer, en outre des titres de propriété, à leur fille, la somme
« de quatre mil livres payables, scavoir deux mil livres en argent
« comptant le jour de la bénédiction nuptiale et le surplus en deniers,
« contracts ou effets dument garantis et habiller leur dite fille suivant
« sa condition et la nourrir avec ledit sieur René Duguesclin, un
« vallet de chambre, une fille de chambre, un laquais avec deux che-

(1) *Archives de Maine-et-Loire*, série E., titres de famille, E., 2340. On voit aussi que René Duguesclin avait la présentation des chapellenies d'Auvers, du Courtin et du Duffays, en la paroisse de Saint-Pierre-sur-Erve. V. dans le *Maine et l'Anjou* de M. de Vismes, un dessin représentant la porte à herse du château de l'Escoublère, et dans l'*Album de Château-Gontier et ses environs*, de M. Tancrède Abraham, une eau-forte de l'ensemble de cet antique manoir.

« vaux pendant un an, pour la somme de 600 livres qu'ils leur paie-
« ront pour leur pension au bout de l'an. »

Dix enfants naquirent de ce mariage, dont six morts jeunes et quatre survivants parmi lesquels René Olivier, né le 16 avril 1695, qui eut l'Escoublère. Parmi les autres baptêmes, les registres de la paroisse de Daon mentionnent, à la date du 29 septembre 1695, celui de Madeleine-Charlotte Duguesclin, née le 16 mars 1689, fille de René Duguesclin, seigneur de Beaucé et de l'Escoublère, et de Marie Sourdrille, en présence de René Duparc, prêtre, docteur en Sorbonne, grand chantre de l'église de Saint-Malo, parrain; la marraine était Marie-Magdeleine Duguesclin, chanoinesse de Lorraine, représentée par Marie-Anne Duguesclin; Charles d'Anthenaise, seigneur du Port-Joulain était présent. (1) Notons aussi le 5 octobre 1699, le baptême de Bertrand-Gabriel Duguesclin, ondoyé le 9 juin 1692 : le parrain était Bertrand-Charles-Baptiste Duguesclin, chevalier, seigneur de la Roberie, et la marraine Julienne Duguesclin, comme procuratrice d'Anne Duguesclin, dame de Beaucé, sa sœur. C'est ce Bertrand-Gabriel Duguesclin qui fut héritier de Beaucé, d'Auvers et du Deffays, qui était l'aîné. (2)

René Duguesclin avait figuré dans les rangs des mousquetaires en 1663. (3) En 1689, il commanda en qualité de cornette, sous le marquis de Sablé, sénéchal d'Anjou et capitaine, l'escadron des soixante gentilshommes d'Anjou, passés en revue le 30 mai, à Saumur. (4) Il mourut en 1714. Il a écrit l'histoire de sa maison d'après les actes originaux dont le dernier était du 9 août 1713; Marie Sourdrille, sa femme, vivait encore en 1721.

Son fils, qui eut l'Escoublère, René Olivier, né le 16 avril 1695, fut

(1) Registre de la paroisse de Daon, année 1695.

(2) Id., année 1699.

(3) En outre de René Olivier et de Bertrand Gabriel, deux filles de René Duguesclin survécurent sur dix enfants : ce furent Madeleine-Charlotte dont nous avons parlé, née en 1689, mariée à J. de Baglion de la Bufferie, seigneur de Martigné sous Laval, et Marie-Anne qui fut religieuse sous le nom de sœur Rosalie et supérieure, en 1720, des sœurs de Sainte-Marie d'Angers.

(4) René Duguesclin avait partagé avec ses sœurs le 21 décembre 1689 les seigneuries et avait eu pour sa part celles d'Auvers et du Deffays : les demoiselles Duguesclin qui avaient eu Beaucé, donnèrent, le 15 octobre 1696, cette terre au fils aîné de René Duguesclin, ou à son défaut, à l'aîné qui survivrait, en réservant l'usufruit.

deux ans mousquetaire et épousa le 15 août 1727, Marie-Anne de Juigné dont il eut une fille, morte le jour de sa naissance. En 1737, il s'unit à Marie-Françoise de la Roussardière d'Aligny, en secondes noces, d'où naquit Bertrand-Michel-Henri Duguesclin, brigadier des armées du roi, qui devint seigneur de l'Escoublère, à son tour, au décès de son père, mort le 1er juillet 1764 et inhumé à Daon, selon le registre de la paroisse. Sa succession s'ouvrit en 1791. (1) L'Escoublère appartint alors à l'abbé de Scépeaux, de la branche de Houssaye, décédé à Château-Gontier, et à sa sœur, mademoiselle Jeanne de Scépeaux, qui épousa le comte d'Aurelle de Champetière, ancien officier de dragons, chevalier de Saint-Louis, originaire d'Auvergne, mort à Riom pendant la Révolution ; la comtesse de Champetière mourut en 1816. Elle avait eu une fille, Louise-Madeleine de Champetière, mariée trois fois. Elle s'unit d'abord en 1793, à Amable-Gilbert de Beynaguet, marquis de Pennautier, de Guyenne, d'où une fille morte en bas âge ; puis elle épousa Jacques de Beynaguet, vicomte de Saint-Pardoux, frère du précédent ; les biens étant substitués, après la mort du premier mari, en 1794 (2). Ce personnage, qui prit le nom de marquis de Pennautier, fut d'abord officier d'artillerie au régiment de Besançon, fit en 1783 la campagne des Indes avec le bailli de Suffren, et fut nommé chevalier de Saint-Louis. Il fut directeur de l'artillerie des armées de Belgique et de Hollande, sous Pichegru, et fait prisonnier à Nerwinde où il combattait avec Dumouriez. Il mourut en 1814, laissant six enfants. 1° Le marquis de Pennautier, qui habita le château de Pennautier, auprès de Carcassonne. 2° Le comte de Pen-

(1) On voit dans les archives de Sablé que Bertrand Duguesclin, seigneur de Beaucé, délivra le 3 février 1719 à l'hôtel de Sablé 1410 livres léguées par ses tantes à la charge d'un lit pour la paroisse de Solesmes et ses domaines. (15e dossier, série B. *Inventaire analytique des Archives de l'Hospice de Sablé*, par M. Chevrier. Sablé, 1877.) A cette famille se rattache René Duguesclin, savant historien et généalogiste, né le 17 décembre 1714, et mort le 6 octobre 1799 ; il fut inhumé à Saint-Martin de Sablé. Notons aussi que la terre de Beaucé appartint à M. de Baglion et à Mme Brossard, sa sœur, demeurant à Mayenne lors du partage fait en 1791. Les *Archives de Menil* mentionnent à la date de 1777, les assises tenues par M. Duguesclin, seigneur du château de l'Escoublère.

(2) La chapelle du château de l'Escoublère, éclairée par une fenêtre en ogive, du style flamboyant, paraît avoir été abandonnée depuis longtemps ; les murs étaient peints, autant qu'on peut en juger aujourd'hui. Les cheminées du château datent de Louis XIII et l'escalier à rampe de bois sculptée est de forme tournante, avec un repos de cinq marches en cinq marches. Il est dallé de carreaux disposés en lozanges égaux ; il semble que c'est au XVIIe siècle que l'Es-

nautier, lieutenant puis capitaine d'état-major, auteur des dessins des planches de la *Théorie de la cavalerie*, longtemps reconnue comme la meilleure de l'Europe. Les exercices décrits et figurés dans cette théorie furent expérimentés sous la Restauration au camp de Lunéville, sous la surveillance du vicomte Mermet, lieutenant général président la commission. Le comte de Pennautier a également donné à l'*Artiste* des dessins remarqués. 3° La comtesse de la Bastide. 4° La vicomtesse de Saint-Jean de Pointis. 5° La comtesse de Parasol. 6° La comtesse de Court, héritière du Percher. Madame veuve de Pennautier se remaria une troisième fois à M. Gilbert de Ramond de Lautrec (Tarn), et mourut en 1840. Une des six enfants du second mariage, la vicomtesse de Saint-Jean de Pointis, née Virginie de Pennautier, avait hérité de l'Escoublère et mourut en 1838, deux ans avant sa mère. Au nom des enfants mineurs, le vicomte de Pointis vendit quelques années plus tard l'Escoublère, qui passa dans une autre famille en 1842. (1)

Parmi les anciennes demeures citées dans le registre de la paroisse de Daon nous avons déjà nommé la Noërie, le vieux logis de Beaumont, Villeneuve où selon les traditions du pays les Chauffeurs de Pieds exercèrent leurs atroces cruautés, la Suhardière et la Jallerie.

La Jallerie est une terre fort ancienne. Johanes de la Gualerie est citée en 1217 dans le cartulaire de l'abbaye de la Roë. (1) Cette seigneurie appartenait, au XVIᵉ siècle, à la famille Lemasson. Le 4 septembre 1586, la dame Louise Séguin, veuve de Charles-Louis-René Lemasson, conseiller au présidial de Château-Gontier, mourait à la Jallerie ; le 2 avril 1630, on baptise à Daon Magdeleine Lemasson, fille de

---

coublère fut le plus habité : la charpente du grenier du pavillon central est d'une rare élégance unie à une étonnante solidité.

Une inscription gravée au couteau sur le porche de la porte d'entrée et tracée dans un cercle, constate le séjour des Chouans, en 1795, à l'Escoublère, en ces termes :

JEAN COQUEREAU GÉNÉRAL
BINET AIDE DE CAMP
GRAND PIERRE LIEUTENANT
CHASSEBLEU FRÈRE DE PIMOUSSE
GARNISON DE DAON
CAMP DES CHOUANS
1795.

Elle a été presque entièrement effacée par un ouvrier de passage.

(1) La Jallerie ou Jaillerie, cartulaire de l'abbaye de la Roë, II., 183.

R. Lemasson. Pendant plusieurs années, au xvii° siècle, de 1737 à 1744, le registre de la paroisse de Daon était coté et paraphé par René Lemasson, conseiller du Roi en la sénéchaussée et siège présidial de Château-Gontier, et plus tard, de 1751 à 1770, par Louis-Daniel Lemasson, conseiller du Roi, lieutenant particulier au présidial de Château-Gontier, seigneur du Haras, (1) qui paraphe également le registre de Marigné de 1753 à 1769, ainsi que ceux des paroisses voisines. Le Haras était un fief situé dans la commune de Brissarthe (Maine-et-Loire). (2) Marie-Anne-Françoise Le Motheux du Plessis, épousa Louis-Daniel-René Lemasson de la Jallerie, le 13 juin 1769. Le 16 février 1778, Renée-Marthe-Louise Le Motheux s'unit à Charles Lemasson de la Jallerie. (3) Cette terre appartient aujourd'hui à M. Guérin de la Roussardière. (4)

(1) Extrait des registres de la paroisse de Daon.

(2) Haras (le petit et le grand) fief, commune de Brissarthe. Le Harraitz 1541 (c. 105 f° 276). Le Harratz 1623 (ET-G.) Harra 1669. le Haras xviii°. Ancien fief et seigneurie relevant de Briolay, avec un manoir, dont est sieur Yves de Tessé, chanoine de Saint-Maurice, de 1537, puis N. H. Zacharie Lemasle en 1623, François Joubert, mari d'Esther des Rotours, en 1669, Louis Lemasson de la Saulaie, près Cherré (Maine-et-Loire), de 1716 à 1726, René Lemasson, lieutenant particulier au présidial de Château-Gontier, en 1760. *Dictionnaire Historique* de C. Port, au mot Haras. Jean-François Lemasson, conseiller du Roi, lieutenant particulier de la sénéchaussée et siège présidial de Château-Gontier, paraphe le registre de Marigné en 1726. Un Lemasson fut maire de Château-Gontier, de 1729 à 1735.

(3) Les premiers Le Motheux connus sont : Jacques Le Motheux de la Papinière, époux de Jacquine Mouëtte, qui achetèrent en 1629 le Plessis-Fontenelle de Cherré, selon la généalogie des Le Motheux. *Plessis-Fontenelle* (le). Fief, commune de Cherré. Le *Pl. de Fontenailles alias de Cherré*, 1589 (c. 105, f° 217). Ancienne maison noble, relevant de Sablé, en est sieur Jean Scollin, écuyer, 1523-1539, Ysaac Scollin, 1623, Jacques Le Motheux 1632-1636. Une chapelle y fut bénie le 19 septembre 1631, par le grand vicaire Eveillon. Nous trouvons ensuite de 1634 à 1661 Pierre Le Motheux, sieur de la *Papinière* de Cherré, ou la *Lapinière*. V. au *Dictionnaire Historique* de C. Port, au mot *Plessis* et au mot *Papinière*. Ceci prouve que les Le Motheux sont originaires du pays de Cherré, et ne sont pas venus d'Irlande, comme le prétend une tradition éronée qui dit que cette famille arriva en France au xvii° siècle avec les Stuart.

(4) La *Roussardière*. Château et ferme, commune de Quelaines, fief vassal de la baronnie de Craon, selon le *Dictionnaire de la Mayenne*, p. 289. fondée dit-on par *Geoffroy Roussard*, chevalier croisé en 1249, sous Louis VIII, cité dans les Annales d'Anjou de Bourdigné. Ses descendants fournirent des connestables et des gouverneurs à Château-Gontier. Ils s'allièrent aux familles nobles du pays, puis la Roussardière entra en 1549 dans la famille de Quatrebarbes, par le mariage de *Jeanne de la Roussardière* et de *Guillaume de Quatrebarbes*. En 1686 les *Quatrebarbes* vendirent la *Roussardière* à *René Guérin*

Le château de la Porte, qui appartient à M. le comte de Rasilly, a été restauré en 1859, par M. Lévy, de Paris. (1) Il est du style Louis XIII : le pavillon du centre est décoré des armoiries qui sont *de gueules chargées de trois fleurs de lys d'argent posées 2 et 1 :* deux anges soutiennent l'écu surmonté d'une couronne. Ce manoir était jadis entouré d'un village dont le séparait un mur d'enceinte, et les paroissiens éloignés de Daon venaient entendre la messe à la chapelle seigneuriale. En 1621, la Porte appartenait à Jousselin, seigneur du lieu, puisque d'après le registre de la paroisse, (2) on bénit cette année là, à la chapelle du château, le mariage de René Dubreuil, baron d'Ingrandes, en Azé, près Château-Gontier, (3) avec demoiselle Marguerite Jousselin, fille du châtelain. René d'Héliand, seigneur d'Ampoigné, (4) canton de Château-Gontier, possédait la Porte vers 1659. En 1674, la chapelle avait pour chapelain Gilles Sourdrille ; elle était alors dédiée à Sainte-Catherine et le fut depuis à la Sainte-Vierge. (5) D'après une note rédigée par l'ordre de Mgr Bouvier, évêque du Mans, on croit que cette chapelle fut fondée vers 1550. On y va en procession à la fête des Rogations, et on y dit la messe. Le 14 novembre 1750, un mariage y fut célébré par Clavreul, vicaire de la Trinité d'Angers, avec la permission de l'évêque. En 1753, la seigneurie de la Porte avait pour fermier, honorable homme René Olivier, époux d'Henriette Clavreul. (6)

de la Gendronnière du Houssay, conseiller au présidial et garde-sel de Château-Gontier, dont les descendants l'habitent encore. La chapelle eut en 1536 pour bénéfice la *Petite-Chassepierre*. Elle fût interdite en 1772. Le bâtiment du centre porte le millésime de 1656. V. les Annales de Bourdigné en 1529. Les Archives de la famille Legonidec, les Archives de la Roussardière, le registre de la cure de Quelaines, les minutes des notaires de Quelaines, étude de M° Chanteloup, l'Armorial de d'Hozier, bibliothèque de Richelieu, f° 1208, n° 194, année 1700, pour les armoiries des Guérin. Les notes manuscrites de M. Pointeau, curé d'Astillé, la généalogie manuscrite de la famille de Quatrebarbes, etc.

(1) V. l'eau-forte de M. Tancrède Abraham dans l'*Album de Château-Gontier et ses environs*. V. sur la famille de Rasilly, les notes généalogiques du feudiste Audouys, citées aux archives de Maine-et-Loire, série E. 3752.
(2) Registre de la paroisse de Daon, année 1621.
(3) Le fief d'Ingrandes fut réuni à la seigneurie d'Azé, à la fin du XV° siècle.
(4) Ampoigné, canton de Château-Gontier, ancienne paroisse du doyenné de Craon, de l'élection et du marquisat de Château-Gontier. — A. de Amponiaco, XI° siècle, (cartulaire du Ronceray). Philip de Ampogneio, XII° siècle. (Abbaye de la Roë, II. 151, f° 48). Ampongné, 1622, (ibid.).
(5) Registre de la paroisse de Daon.
(6) Id.

Le castel avait passé aux mains de Jean Bachelier, seigneur de Bercy, époux de Françoise Leclerc de la Ferrière, qui le vendit en 1754, à René Bouccault, seigneur de la Ragottière, commune de la Jaille-Yvon (Maine-et-Loire), conseiller du roy, et à dame Allaire, son épouse. La famille Allaire était du pays ; on trouve en 1728, René Allaire, prêtre habitué à Daon, fils d'André Allaire, advocat au siège présidial de Château-Gontier. Le 15 mars 1769 fut inhumée en l'église de Daon, Marguerite Bouccault, âgée de 20 ans, fille de Marie-René Bouccault, lieutenant général de la police à Château-Gontier, et seigneur de la Porte. La marraine de la plus grosse cloche au baptême qui eut lieu à Daon, en l'année 1771, était Mademoiselle Bouccault de la Porte. Le 30 septembre 1777 fut célébré dans la chapelle du château de la Porte, par le doyen curé de Saint-Quentin, avec la permission requise, le mariage de Messire Armand-René Volaige, seigneur de Vaugirauld, (1) conseiller du roy, avec Mademoiselle Renée Bouccault, fille de Messire René Bouccault, conseiller du roy, lieutenant général de la police en la sénéchaussée et siège présidial de Château-Gontier, grand voyer de la ville, seigneur de la Ragottière et de la Porte. Dès 1687 la Ragottière était dans la famille Bouccault. Jean-Bertrand Martin y résidait avec sa femme Marie Bouccault. René-Mathurin Bouccault, conseiller général de police à Château-Gontier en était seigneur en 1747 ; c'est sans doute celui qui acheta la Porte.

Après les Bouccault, les de Villoutreys devinrent propriétaires du château de la Porte. Germain-Charles-Jean, marquis de Villoutreys, comte de Brignac, fils de Jeanne-Henriette-Rosalie de Villoutreys, et de Jean-François de Villoutreys, comte de Brignac, écuyer de Sa Majesté le roi Louis XV, (2) époux de Mademoiselle Pauline Ayrault de la Roche, eut deux fils, dont le cadet, Paul de Villoutreys, époux de Mademoiselle Stéphanie du Rouzay, qui vendit en 1842 la terre de la Porte à M. le marquis de Rasilly. On remarque dans le salon du

(1) Id. Vaugirauld, château commune du Ménil (Maine-et-Loire), vendu par décret, sur Louis Legay, à Pierre Vollage, ou Volaige, sieur de Vaux, dont la descendance le possédait encore à la Révolution. *Dictionnaire historique* de C. Port. Antoine Legay, seigneur de Vaugirauld, figure en 1592 dans l'armée du duc de Mercœur. (Barthélemy Roger, *Histoire d'Anjou*, p. 452.)

(2) Germain-Charles-Jean de Villoutreys, comte de Brignac, fils de Jean-François de Villoutreys, comte de Brignac, était le petit-fils d'Hardy-Gilbert-Germain de Villoutreys, marquis de Château-Gontier. Notes communiquées par M. le marquis Ernest de Villoutreys, et extraites des Archives du château du Plessis-Villoutreys, près Montevrault (Maine-et-Loire).

château de la Porte, un tableau représentant le vaisseau *la Couronne*, commandé par le chevalier Isaac de Rasilly, luttant seul dans la rade de Saint-Martin, de l'ile de Ré, contre la flotte anglaise de La Rochelle en 1625. Louis XIII nomma le vainqueur amiral, puis vice-roi de la Nouvelle-France. Lepaige dit dans son *Dictionnaire du Maine*, publié en 1775, que le château de Rasilly était dans la famille depuis plus de sept cents ans, et que les Rasilly appartenaient à la meilleure noblesse de Touraine. Il ajoute que le marquis de Rasilly, lieutenant-général du roi en Touraine, qui fut sous-gouverneur du duc de Berry, était fils du vice-amiral de France. (1) On a trouvé en restaurant le château de la Porte, une cachette qui servait sans doute d'abri pendant la Révolution. Le marquis et le comte de Rasilly ont combattu bravement en 1870 contre les Prussiens, et se sont montrés les dignes héritiers de leurs glorieux ancêtres. De la terrasse du château la vue embrasse le panorama de Menil et du cours pittoresque de la Mayenne.

Non loin de l'Escoublère se dresse le vieux château de Mortreux. (2) Il se compose d'un corps de bâtiment imposant, datant de la fin du xvie siècle, flanqué d'un pavillon et entouré de douves ; un pont de bois conduit à la grille en fer forgé qui ferme l'entrée de la cour close par un petit mur de pierre. Des lettres patentes du roi Louis XV, données au château de Versailles au mois de décembre de l'année 1754, à Jean-Laurent Trochon de Beaumont (fief de la commune de Daon), écuyer, seigneur de Mortreux, font remonter la possession de la terre de Mortreux par sa famille à son quatrième auteur, Lancelot Trochon, seigneur de Valette, maire électif de Château-Gontier, qui, vers 1595, fit bâtir la maison seigneuriale. Il avait épousé Renée de Faye, dame de Mortreux, fille de René de Faye, seigneur de Mortreux, et de Jeanne Belossier. (3) Le 15 septembre 1604, René de Faye, seigneur de Mortreux, des Places et de la Savaterie, rendit aveu pour certaines seigneuries au seigneur

---

(1) *Dictionnaire topographique, historique, généalogique et bibliographique de la province et du diocèse du Maine*, 2 vol., par André-René Lepaige, chanoine, mort au Mans le 2 juillet 1781.

(2) Gaufredo de Mortuis acquis 1060, *Cartulaire de Saint-Maur-sur-Loire*, Ch. LXIX. V. plus haut à la date de 1297, Jean de Mortheroux déjà cité. On trouve au commencement du xviie siècle, Jeanne de Mortreux, mariée à Olivier Haton. (Archives de Maine-et-Loire, E. 2816.)

(3) Archives nationales, n° 2595.

de Saint-Michel de Feins, Alias Mauvinet, pour « son lieu, mestai-
« rye, domaine, appartenance, fief et seigneurie du Grand-Mortreux,
« composé d'un corps de logis neuf accompagné d'un pavillon,
« cellier, escurye et tour clos à douves et fossés remplis d'eau avec
« basse-cour en laquelle sont les granges et pressouers dudit bien ou
« souloient anciennement estre les logis de la mestairye qui a été mi-
« née par les guerres dernières, avec grand jardin renfermé de fos-
« sés murés... pour raison de son fief et seigneurie qu'il a sur le lieu
« de la Savaterie, il est dû chaque année au seigneur de Mortreux foi
« et hommage et dix sols de service... pour raison de toutes ces
« choses le seigneur de Mortreux doit à mutation un cheval de ser-
« vice. »

Michel Trochon, écuyer, seigneur des Places, mari de Renée Gilles, avait acheté, à la fin du XVIe siècle, à Mathurin de Montalais, les Grandes-Places. Il y demeurait en 1606, et cette année là, sa fille Marie fut baptisée à Daon, par Joseph de Salles. (1) Son fils Michel Trochon, écuyer, seigneur des Places, avocat au Parlement, épousa à Daon, le 1er septembre 1629, Françoise Le Cercler, de la Gaultraye : leur fils, René Trochon, avocat au Parlement et sénéchal de Château-Gontier, se maria en 1660 à Françoise d'Etriché dont René-Louis Trochon écuyer, seigneur des Places, avocat au Parlement, qui eut pour parrain le 1er novembre 1663, Louis de Bailleul, seigneur, marquis de Château-Gontier. (2) Il se maria le 16 août 1688 à Françoise Le Tessier de Vigré. Anne Trochon, fille du précédent, dame des Places, se maria à Joseph Rigault, écuyer, seigneur de la Crépinière, assesseur à l'Hôtel-de-Ville de Château-Gontier, prévost à la Connestablie : puis par des mariages successifs, la terre passa aux Quentin de Vassé et de la Tarancherie, et ensuite aux de Cheverus. Mademoiselle de Cheverus mariée à M. d'Etriché, vendit les Places à M. de Foucaud des Bigottières, au retour de l'émigration, d'après les notes que nous a communiquées M. de la Théardière.

Voici d'un autre côté les mentions que nous trouvons sur le registre de la paroisse de Daon et qui complètent ces renseignements. En 1608 on baptise à Daon Jacques Trochon, (3) et en 1610 R. Trochon, (4) en-

---

(1) Registre de la paroisse de Daon, 1606.
(2) Note communiquée par M. de la Théardière.
(3) Registre de la paroisse de Daon, année 1608.
(4) Ibid. 1610.

fant de Michel Trochon, seigneur des Places. Lancelot Trochon, seigneur des Cormiers, épousa à Daon, en 1616, Françoise Hamelot; (1) le 26 août 1618, on baptise Charlotte Trochon, fille de Lancelot Trochon, et le parrain est Charles de Faye, seigneur de Mortreux. (2) En 1619, Louis Bourdais, seigneur des Places, épouse Renée Trochon, fille de René Trochon, seigneur des Grandes-Places : le 29 octobre 1619, on baptise Catherine Trochon, seconde fille de Lancelot Trochon. (3) Anne Trochon demande par son testament daté du 18 février 1622, (4) qu'à perpétuité il soit fait et célébré dans l'église de Daon une chanterie pour le repos de son âme, les jours et fêtes de Saint-Jacques et de Saint-Christophe.

Jean Arnoult, seigneur de la Roussière, épousa le 4 mai 1630, Marie Trochon, fille de Michel Trochon, advocat au présidial de Château-Gontier, seigneur des Grandes-Places. (5) En octobre 1630, on baptise Michel Trochon, fils de Michel Trochon sus-nommé : un autre enfant du même père fut baptisé à Daon en 1631, à cause de la maladie contagieuse qui obligea, dit le registre de la paroisse, ses parents à venir s'y réfugier. Le 10 décembre 1631, devant Girard, notaire à Château-Gontier, les enfants de Lancelot Trochon, seigneur de Valette, écuyer, et de Renée de Faye, son épouse, partagent ce qui leur revient dans les seigneuries de Mortreux et des Petites-Places. (6) Le 6 février 1641, on inhume Françoise Trochon, fille de Michel Trochon, seigneur des Grandes-Places. Le 2 avril 1649, devant Gilles, notaire à Château-Gontier, a lieu le partage de la succession de Pierre Trochon, seigneur des Places, écuyer, et de Madeleine Séguin; on trouve en premier lot : « portion pouvant appartenir en la maison seigneuriale « de Mortreux et le lieu mestairye des Petites-Places. » (7) Le 2 mai 1652, devant Jean Gilles, notaire à Château-Gontier, partage de la succession de Lancelot Trochon, seigneur des Cormiers, écuyer, et de Françoise Hamelot; leur fils Joseph Trochon, écuyer, seigneur de Beaumont, maire électif de Château-Gontier, a pour lot : « portion

---

(1) Registre de la paroisse de Daon, année 1616.
(2) Ibid. 1618.
(3) Ibid. 1619.
(4) Ibid. 1622.
(5) Ibid. 1630.
(6) Note communiquée par M. de la Théardière et extraite des Archives du château de Mortreux.
(7) Ibid.

de la maison seigneuriale, cour et jardin de Mortreux ; » le 4 septembre 1652 il fait retrait lignager d'une partie de cette seigneurie. (1) Le 26 octobre 1671, on inhume Denise Trochon, fille de René Trochon, advocat au siège présidial de Château-Gontier, seigneur des Places, et de Françoise d'Estriché. (2) Joseph Trochon de Beaumont rend aveu des terres dont il a fait retrait lignager ainsi que des Petites-Places et de la Savaterie, le 17 novembre 1676. (3) Ces terres passent aux mains de Jean Trochon de Beaumont, écuyer, premier président au Présidial de Château-Gontier : le 22 octobre 1699 a lieu le baptême de Thomas-Louis Trochon, fils de René-Louis Trochon, avocat au siège présidial de Château-Gontier, et de Françoise Le Tessier. Le 14 septembre 1700 on baptise Madeleine Trochon, fille de René-Louis Trochon. Les terres possédées par Jean Trochon de Beaumont ci-dessus nommé, reviennent à Jean-Laurent Trochon de Beaumont, écuyer, qui fut le septième maire de Château-Gontier, de son nom et de sa famille, son fils. On trouve parmi les maires de Château-Gontier, Trochon de Mortreux, du 28 avril au 5 mai 1720. Le 14 octobre 1769, on inhume à Daon René Trochon, seigneur des Places. (4) La famille Trochon porte : « d'argent à trois merlettes de sable posées 2 et 1 ».

Jean-Joseph Trochon, écuyer, fut, ainsi que son père et son grand-père, premier président au siège présidial de Château-Gontier. Il rendit aveu de la seigneurie de Mortreux, le 27 avril 1770. Nous avons vu que Jean-Laurent Trochon de Beaumont fut, le 13 mai 1771, parrain de la seconde des trois cloches de l'église de Daon, bénies par M. Adenet, curé de Sœurdres, et que la marraine fut la dame Le Hesnault de Bouillé, de la famille des seigneurs de Marigné, dont plusieurs membres furent enterrés dans l'église de Daon. (5) Le parrain de la troisième cloche fût Trochon de Beaumont fils, et la marraine, Mme de la Crépinière, épouse de M. de Vassé, seigneur de Vassé en Marigné. (6) Le 12 avril 1776 est inhumé à Daon, Jean-Laurent Trochon de Beaumont, ancien président au présidial de Château-Gontier, âgé de quatre-vingt-six ans. Le 19 août 1783, selon la généalogie des

---

(1) Note communiquée par M. de La Théardière.
(2) Registre de la paroisse de Daon, année 1671.
(3) Note communiquée par M. de La Théardière.
(4) Registre de la paroisse de Daon, année 1769.
(5) Registre de la paroisse de Daon, année 1771.
(6) Ibid.

Le Motheux, Pierre Le Motheux de Chitray, président du tribunal de Château-Gontier, épouse Jeanne-Anne Trochon de la Théardière. Jean-Joseph Trochon de Beaumont fut membre de l'assemblée de la noblesse tenue à Angers en 1789, et fit partie de plusieurs commissions. (1) Il fut maire de Château-Gontier du 6 septembre 1789 au 22 novembre 1790. (2) Son nom figure sur la liste des émigrés. (3) Selon la tradition, le château de Mortreux servit plusieurs fois de lieu de retraite aux combattants de la Chouannerie et de l'insurrection de 1832. (4) Nous devons ces renseignements à l'obligeance de M. de La Théardière, ainsi que quelques détails complémentaires sur le château de la Porte, mis en note ci-dessous. (5)

Le prieur-curé de Daon, chanoine régulier de la congrégation de France, en 1785, était M. Martinet. Il était né à Epernay le 19 avril 1753 et fut député d'Anjou à l'assemblée nationale de 1789. (6) Il était entré chez les chanoines réguliers de Sainte-Geneviève de Paris, à l'âge de seize ans : ses supérieurs l'ayant distingué lui confièrent de bonne heure

(1) Bougler, 2ᵐᵉ volume de l'ouvrage intitulé : *Mouvement provincial en 1789. Biographie des députés de Maine-et-Loire*, depuis l'Assemblée constituante, jusqu'en 1815. — (Angers, Cosnier-Lachèse, 2 volumes in-8°, 1865.)

(2) V. la liste des maires de Château-Gontier.

(3) Trochon dit de Beaumont : troisième liste des personnes émigrées ou présumées l'être. Angers. De l'imprimerie nationale chez Mame imprimeur du département.

(4) M. Gustave de Moulins, frère de l'ancien propriétaire du château de Moiré, commune de Sœurdres, (ancien manoir appartenant à la famille de Champagné jusqu'à la fin du siècle dernier, et reconstruit en 1810), racontait jadis qu'après l'affaire de Champigné il était entré à Mortreux et avait extrait une balle à l'un de ses hommes sur le balcon du salon du château. — (Note de l'auteur.)

(5) Nous voyons d'après les *Archives de Maine-et-Loire*, E. 3408, que le château de la Porte est mentionné dans l'aveu du 19 août 1526, de Mathurin de Montalais. Ce château appartenait en 1604, à la famille des Cochelin, que nous avons nommée Jousselin, plus haut, d'après le registre de la paroisse de Daon. Selon l'état-civil d'Azé, 2ᵉ registre, p. 278, le 6 août 1621, furent mariés dans la chapelle de la Porte, Messire René du Breil, chevalier, seigneur baron d'Ingrandes, d'Azé et de Curcy, et Demoiselle Marguerite Cochelin, fille de défunt Nicolas Cochelin, écuyer, sieur de Vieilleville et de la Porte. Les titres de Mortreux constatent qu'en 1653, la famille d'Héliand possédait le château de la Porte qu'elle détenait encore en 1672.

(6) Note écrite au bas de son portrait gravé dans la collection des députés de l'Assemblée nationale et publiée par le sieur de Jalin : Labadye del : V. P. Piolin, t. VII, p. 15, 16 et 480. V. aussi les élections et les députés de la Mayenne, 1789-1848, par Queruau Lamerie, dans l'annuaire de la Mayenne, 1877.

l'enseignement de la philosophie et de la théologie dans leur maison de Beauvais. Ordonné prêtre, il fut pourvu du prieuré de Daon, bénéfice dont la présentation appartenait à son ordre, dit son biographe, et il fut élu à l'assemblée provinciale tenue à Angers, du 6 au 17 octobre 1787, sous la présidence du duc de Praslin. Il assista le 12 novembre de la même année à l'assemblée des trois provinces de la généralité de Tours. Le 29 novembre, il fut élu aux Etats-Généraux également. Seul de tous les députés du clergé, il refusa de souscrire à la réunion de son ordre, et quand sur le commandement expresse du roi il parut à l'Assemblée nationale, il prit place au côté droit. Il vota toujours dans le sens de la royauté. Il prit part à toutes les démarches collectives de la droite et son nom se trouve au bas de la protestation du 13 avril 1790, contre le refus de l'Assemblée de déclarer la religion catholique, religion de l'Etat ; de celle relative aux attentats des 5 et 6 octobre 1789 et de celle qui réclamait contre la déchéance éventuelle et comminatoire du roi, édictée par le décret du 30 mars 1791 : il protesta contre les décrets qui rendirent le roi captif en 1791, contre la révision organique du mois d'août suivant, et contre les mesures relatives à l'administration des finances de l'Etat. Il ne fut pas réélu, le 25 août 1791, pour l'Assemblée législative. Il passa en Angleterre après avoir refusé le serment à la constitution civile du clergé. Rentré en France en 1801, il fut nommé à la cure de Courbevoie, puis à celle de Saint-Luc de Paris. En 1820 il fut transféré à la cure de Saint-Laurent et mourut le 30 mars 1836. (1) C'était, selon un de ses biographes, un des prêtres les plus recommandables du clergé de Paris. Une grande variété de connaissances, un esprit juste, clair et méthodique, une élocution gracieuse et facile étaient un mérite que relevaient encore cette urbanité de manières, cette délicatesse de tact, cette politesse

(1) Extrait du *Mouvement provincial en 1789*, et *Biographie des députés de l'Anjou*, par M. Bougler, t. 1, p. 49 à 51. V. aussi procès-verbal des séances de l'assemblée générale des *Trois provinces de la Généralité de Tours*, 1 vol. in-4°. Tours, par Auguste Vauquier, 1787. Il représentait le clergé d'Anjou, avec l'abbé de la Myre-Morry, abbé de Preuilly, prieur d'Onazé, et l'abbé de Villeneuve, doyen du chapitre d'Angers et vicaire général du diocèse. Le prieur-curé de Daon fut placé à cette assemblée dans le bureau des fonds, comptabilité et règlements. Un Martinet, ex-curé, fut incarcéré au Mans, et en sortit le 2 janvier 1797 ; un autre est signalé comme ayant été mis en liberté le 15 octobre 1799, selon une note que nous a communiquée M. le Bibliothécaire en chef de Laval. Il n'est pas probable que ce soit le curé de Daon, puisque M. Bougler ne dit pas qu'il ait été incarcéré.

exquise qu'il avait puisées dans ses relations habituelles avec des personnes d'un rang distingué. Par son testament il institua différents legs en faveur des petits séminaires de Paris et des pauvres de Saint-Laurent et de Saint-Luc.

Parmi les habitations modernes, il faut citer le château des Places qui renferme une jolie collection de tableaux et des tapisseries Louis XIV composant un ameublement de salon très-remarquable. Il appartient à Madame la baronne de Romain née Coustard de Souvré. (1)

Non loin de Daon, sur la route qui conduit de ce bourg à Saint-Michel-de-Feins, en face du hameau de la Tremblaye, s'élève une modeste chapelle dédiée à la Sainte-Vierge et désignée sous le nom de Notre-Dame de la Tremblaye. Jean Grandet, dans sa *Notre-Dame Angevine*, dit qu'une vieille femme estropiée, de la paroisse de Sœurdres, qui ne pouvait marcher qu'avec des béquilles, résolut un jour de faire une neuvaine au pied d'une image de Notre-Dame placée par une personne inconnue dans un arbre du carrefour de la Tremblaye. Elle s'y fit porter et fut guérie. Cette guérison inopinée attira depuis de nombreux malades qui vinrent en pèlerinage. Selon la légende connue des habitants de Daon, des enfants gardant leurs moutons, dans un terrain appelé l'allée de la Tremblaye, virent dans un tremble une petite statuette qu'ils emportèrent chez eux, à la métairie des Petites-Places. Quand ils voulurent la reprendre le lendemain, elle n'y était plus. Mais ils la retrouvèrent où elle était la veille. Ils la prirent de nouveau et quoique la métayère l'eut enfermée dans une armoire, elle retourna à sa place accoutumée : ce fait se renouvela plusieurs fois. Le curé informé de l'événement, crut ne pouvoir mieux faire que de placer la statuette dans l'Eglise paroissiale. Or, l'image de Notre-Dame ne consentit pas plus à demeurer dans l'Eglise que dans l'armoire et elle regagna bientôt son arbre favori. (2) Il fallut bien comprendre, et alors sans doute, comme le

---

(1) La terre de Souvré était dans la Sarthe. En 1585, Jeanne de Souvré, veuve d'Adam des Ecotais, acheta le Petit-Souvré, commune de Conlie, qui avait été distrait du Grand-Souvré, commune de Neuvy, en 1480. *Dictionnaire topographique de la Sarthe* de J.-B. Pesche, t. II, p. 79. La famille de Souvré a fourni à l'Eglise et à l'Armée, au XVI° et au XVII° siècle, des représentants éminents. Le château de Courtenvaux possédait, jadis, les portraits historiques des personnages les plus célèbres de cette famille.

(2) Nous empruntons ces détails à l'intéressant ouvrage de M. Couanier de Launay, chanoine honoraire de Laval, supérieur des Missionnaires de Notre-Dame-

remarqua M. Couanier de Launay, arriva la guérison rapportée par Grandet, puis le pèlerinage s'établit. Un tronc pour recueillir les offrandes fut placé au pied de l'arbre, et Jean Gilles, vicaire de Daon, chargé du soin de recevoir les dons des fidèles, fût bientôt en mesure de bâtir une chapelle. Grandet assigne à la guérison de la femme Leduc, la date de 1660, et à la construction de la chapelle, celle de 1670. Cependant, lors d'un agrandissement, en 1862, on a fait peindre en noir sur le tuf, au-dessus de la porte d'entrée, la date de 1651.(1) Dès que la chapelle fut achevée, l'Evêque d'Angers permit d'y célébrer le Saint Sacrifice ; et d'après Grandet, le prieur nommé Pierre Marcassu, gascon, retirait de ses messes un revenu aussi considérable que de son prieuré qui était aussi un des meilleurs de l'Anjou. Une lampe était presque continuellement entretenue allumée devant la sainte image et elle était alimentée par les petites bouteilles d'huile que les jeunes mères venaient offrir « afin que la Mère de Dieu donnât à leur sein en abondance la douce nourriture de leurs nouveaux-nés ». La chapelle primitive avait 7m85 de long sur 5m15 de large ; plus tard on éleva en avant du pignon de façade un porche soutenu par des piliers de bois pour abriter les pèlerins qui ne pouvaient entrer dans l'intérieur. Ce porche avait la même largeur que la chapelle et s'avançait de 4m40 au-devant. On venait à la Tremblaye demander le soleil ou la pluie selon les besoins de la terre. Un acte épiscopal du 30 septembre 1702 (2) de Michel Le Peletier, évêque d'Angers, avait, comme nous l'avons dit, transféré, avec le consentement de Germain Hunault de la Chevalerie, prieur de Daon, et l'agrément de l'abbé de la Roë, le service des deux messes par semaine qu'on disait autrefois à la chapelle du prieuré de la Madeleine, ruinée de vetusté et interdite depuis trois ans, à la nouvelle chapelle, qui, dit le registre de la paroisse, avait été construite par les paroissiens depuis quelques années, à peu de distance, à la Tremblaye. Il était d'usage, ainsi que nous l'avons indiqué, que les fidèles de Daon fissent leurs stations à la chapelle de la Trem-

du-Chêne, qui est intitulé : *Pèlerinages et Sanctuaires dédiés à la Bienheureuse et Immaculée Vierge Marie, mère de Dieu, dans le diocèse de Laval.* Laval 1879, p. 314-323. Nous avons également trouvé diverses indications dans le registre de la paroisse de Daon. V. *Notre-Dame Angevine*, manuscrit de la Bibliothèque d'Angers, par Jean Grandet.

(1) M. l'abbé Foucault, ancien curé de Daon, assigne à la construction de la chapelle, la date de 1631.

(2) Archives de la Mayenne, f** 72, 73, 74, 75, 76, 77, 79, 80, 82, 84, 85, 86.

blaye, pendant la quinzaine précédant la communion pascale. Pendant la Révolution le prieur-curé de Daon, Martinet et son vicaire, Fraguier, refusèrent de prêter le serment exigé par la Convention : quand ils durent se cacher, les paroissiens assistèrent à Argenton à la messe du curé non assermenté, où à celle des paroisses voisines. La sainte messe était dite aussi quelquefois à la Tremblaye, l'église paroissiale ayant à cette époque, été incendiée. (1) Un certain nombre de personnes de Daon suivirent les armées vendéennes. (2)

Un jour une main sacrilège brisa la statuette de la Tremblaye dont les fragments furent pieusement conservés, et l'image bénie fut reportée plus tard dans la chapelle. Depuis 1802 on a muré le porche qui précédait la porte d'entrée, et on a allongé l'édifice qui a été blanchi et plafonné. Une petite sacristie a été ajoutée, en 1864, au sud-est, et les paroissiens ont contribué aux dépenses. La statuette a été mise sur le gradin de l'autel, dans un habitacle vitré qui sert de base à la nouvelle et belle statue de la Sainte-Vierge. Les messes y sont fréquentes. (3) Une charmante statuette de

---

(1) En 1785, le curé de Daon était Martinet, qui fut remplacé en 1791, par M. Segrétain, dont le dernier acte signé porte la date du 18 octobre 1792. Il baptisa cependant encore pendant l'année 1793, puis il dut se cacher. A partir de 1792, les actes furent rédigés par les officiers de la municipalité. Pendant les années 1795, 1796, 1797, 1798, les sacrements étaient administrés par M. Rousseau, curé de 1799 à 1822. Ce digne prêtre était né à Daon en 1764. Il prêtait en cachette le concours de son ministère aux habitants de Daon, de Marigné et de Coudray, en vertu des pouvoirs qui lui avaient été conférés pour tout le cours de la persécution. (*Extrait des registres de la paroisse de Daon.*) On avait enterré à Daon en 1792, des personnes de Saint-Michel, paroisse privée alors de son pasteur. *Liste des curés de Daon.* En 1609, *Joseph de Salles.* — 1678-1689, *Nicolas Marcassus.*— 1689-1696, *Dumesnil.* — 1696-1710, *Germain Humault de la Chevalerie.* — 1710, *Luneau.* — 17..-1746, *Louis Chailland.* — 1746-1771, *François Blouin.* — 1771-1785, *Jaunay.* — 1785-1791, *Martinet.* — 1791-1793, *Segrétain.* — 1799-1822, *Rousseau.* — 1822-1828, *Jarry.* — 1828-1832, *Poisson.* — 1832-1835, *Mahier.* — 1835-1854, *Mahé.* — 1854-1868, *Foucault.* — 1868-1878, *Froger.* — 1788, *Quiercelin*, actuellement en fonction.

(2) Le 9 décembre 1793, quatre habitants de Daon accusés de complicité avec les Vendéens dont ils avaient suivi l'armée, comparurent devant la commission militaire créée à Angers. Ils avaient été arrêtés par le maire de Biernè qui s'était également emparé de leurs deux chevaux. Ils furent condamnés à mort et exécutés sur la place du Ralliement, le 23 frimaire an II. *(Extrait des Archives Révolutionnaires du Greffe du Tribunal Civil d'Angers.)*

(3) Notes communiquées par M. Quiercelin, curé, et M. Courcelle, vicaire de la paroisse de Daon. V. l'ouvrage de M. Couanier de Launay, déjà cité. Par ordonnance épiscopale en date du 26 juin 1863, Monseigneur Wicart, évêque de Laval,

la Vierge et de l'Enfant-Jésus a été posée dans une petite niche sur la façade. On a replacé au-dessus de la porte du nouveau pignon une ardoise entourée de feuillages légèrement sculptée qui devait être au pignon primitif. C'est au-dessous de cette ardoise qu'on lit la date de 1651. Sur l'ardoise on remarque l'inscription suivante :

<pre>
          MARIA : REGINA
          CÆLI : MATER
          ET : VIRGO : PER
               PETVA
</pre>

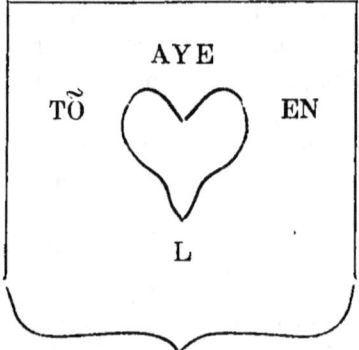

Traduction : AYE (pour AIE) TON COEUR EN ELLE.

Notons encore un curieux détail : Le 26 avril 1748 fut célébré avec permission de Monseigneur l'évêque d'Angers, Jean de Vaugirault, (1) 1731-1758, dans la chapelle de la Tremblaye,(2) le mariage de Maure-Robert-René Le Royer de Chantepie, conseiller du roi au siège de la Prévôté d'Angers, et de demoiselle Françoise-Elisabeth Rigault de

a autorisé la célébration des Saints Mystères, à la Tremblaye et arrêté que le clergé paroissial pourrait y dire deux messes par semaine. On vient à la Tremblaye demander la guérison de la fièvre à la Sainte-Vierge. On dépose sur l'autel un bouquet de myrte et on recommande ses intentions à la mère du Sauveur. On espère avec une ferme confiance retrouver la santé à mesure que le myrte verra ses feuilles sécher et se flétrir.

(1) Introduction au *Dictionnaire historique, géographique et biographique de Maine-et-Loire*, de C. Port, p. 26, note 3. Liste des évêques d'Angers.

(2) Tremblaies (les), h., commune de Daon. — Notre-Dame de la Tremblaie, 1866 (rôles de dénomb.) Département de la Mayenne, p. 318. *Dictionnaire topographique de la Mayenne*, par Léon Maitre.

la Menièrière, en présence de vénérable Dominique Arthuys, prêtre de l'église collégiale de Saint-Just de Château-Gontier.

Il y avait à Daon, au xviiie siècle, d'après les registres de l'état-civil de cette commune et les archives de Menil, un notaire du nom de Jolly ; son successeur fut Mathurin Jouin : il exerçait encore en l'an xiii : les minutes de son étude furent transférées à Saint-Denis-d'Anjou. L'école communale pour les garçons est installée dans les bâtiments de la mairie : (1) les sœurs d'Evron établies à Daon depuis 1857 dirigent l'école des filles située dans le haut du bourg. On y jouit d'une vue magnifique sur la contrée environnante.

ANDRÉ JOUBERT.

(1) Officiers publics, agents, maires de la commune de Daon :

Officiers publics et Agents : — *Cristophe Courtille*, 30 décembre 1792 au 20 janvier 1793. — *Jacques Jouin*, 7 août 1793. — *Jean Branchard*, 25 août 1793. — *G. Goubault* et *J. Jouin*, an iii-an v. — *Allaire, Jouin, Goubault*, an v-1800. Ces officiers publics et agents, signent à tour de rôle, pour ainsi dire, sur le registre de l'état-civil.

Maires : Joseph-Juste Jolly, 25 décembre 1792. — *Jacques Jouin*, 19 juillet 1793. — *Jubin*, 26 ventôse an vi, jusqu'à l'an xi. — *Olivier*, an xii-an xiii. — *Piron*, 1811-1822. — *Souvestre*, 1822-1824. — *Goubault*, 1824-1830. — *Allaire*, en 1831, membre du conseil municipal, fait fonction de maire. — *Piron*, 1831. — *Granger*, membre du conseil municipal, fait fonction de maire, de 1831-1835. — *J.B. Piron*, 1836-1840. — *Chehère*, 1840-1851. — *Louis Coustard de Souvré*, 1851-1876.

CHATEAU-GONTIER. — IMPRIMERIE H. LECLERC, RUE SAINTE-ANNE

www.ingramcontent.com/pod-product-compliance
Lightning Source LLC
LaVergne TN
LVHW050609090426
835512LV00008B/1416